KÖNIGS ERLÄUTERUNGEN

Band 330

Textanalyse und Interpretation zu

Theodor Fontane

IRRUNGEN, WIRRUNGEN

Martin Lowsky

Alle erforderlichen Infos für Abitur, Matura, Klausur und Referat
plus Musteraufgaben mit Lösungsansätzen

Bange Verlag

Zitierte Ausgaben:
Fontane, Theodor: *Irrungen, Wirrungen.* Husum: Hamburger Lesehefte Verlag, o. J. (172. Heft)

Über den Autor dieser Erläuterung:
Martin Lowsky, Studium der Romanistik, Mathematik und Vergleichenden Literaturwissenschaft in Tübingen und Heidelberg, Promotion 1975.
Abhandlungen, auch Bücher, zur deutschen und französischen Literatur (Bloch, Fontane, May, Arno Schmidt, Storm, Valéry, Voltaire u. a.) und zur Pädagogik (Erich Fromm).
Redaktionstätigkeit für das *Jahrbuch der Karl-May-Gesellschaft* (Husum) und die *Forschungen zu Paul Valéry/Recherches Valéryennes* (Universität Kiel). Unterricht an einem Gymnasium in Kiel.
In der Reihe *Königs Erläuterungen* sind von Martin Lowsky zuletzt erschienen:
Erläuterungen zu *Theodor Fontane: Frau Jenny Treibel.* Erweiterte Fassung. 2011.
Erläuterungen zu *Theodor Storm: Der Schimmelreiter.* 2008.

4. Auflage 2016
ISBN 978-3-8044-1928-5
PDF: 978-3-8044-5928-1, EPUB: 978-3-8044-6928-0

Titelbild: Cordula Trantow in dem Fernsehfilm „Irrungen und Wirrungen"
© ullstein bild – Heinz Köster
Druck und Weiterverarbeitung: Tiskárna Akcent, Vimperk

1. DAS WICHTIGSTE AUF EINEN BLICK – SCHNELLÜBERSICHT

Damit sich jeder Leser in unserem Band rasch zurechtfindet und das für ihn Interessante gleich entdeckt, hier eine Übersicht.

Im 2. Kapitel beschreiben wir **Fontanes Leben** und stellen den **zeitgeschichtlichen Hintergrund** dar:

⇨ S. 9 ff.

→ Theodor Fontane lebte von **1819 bis 1898**, die meiste Zeit in **Berlin**.

⇨ S. 12 ff.

→ Das **Deutsche Reich** bestand seit 1871, seine Hauptstadt **Berlin** wuchs stark. Die politische Macht lag noch beim Adel, aber das Bürgertum gewann an Einfluss. Der **Realismus** war die maßgebliche Richtung in der Literatur.

⇨ S. 16 f.

→ ***Irrungen, Wirrungen***, einer von Fontanes ‚Frauen-Romanen', ist 1887 erschienen. Zuvor war Fontane durch seine Gedichte und seine *Wanderungen durch die Mark Brandenburg* berühmt geworden.

Im 3. Kapitel bieten wir eine **Textanalyse und -interpretation.**

Irrungen, Wirrungen **– Entstehung und Quellen:**

⇨ S. 18 f.

1882 hat Fontane den Roman entworfen.
Fünf Jahre lang zog sich die Entstehung hin. Fontane hat auch den Schauplatz ‚Hankels Ablage' aufgesucht, dort 1884 die erste Niederschrift.

1887 Abdruck in Fortsetzungen in der ‚Vossischen Zeitung'

1888 *Irrungen, Wirrungen* als Buch

Inhalt:

Der Roman umfasst 26 Kapitel. ➪ S. 20 ff.

Die kleinbürgerliche Kunststickerin Lene und der Adlige Botho verlieben sich. Ihr Verhältnis währt drei Monate. Botho trennt sich von Lene, die Rücksicht auf seine Herkunft und seine Familie veranlassen ihn dazu.

Im zweiten Teil (ab dem 16. Kapitel) werden die getrennten Wege der beiden erzählt. Botho heiratet seine reiche Kusine Käthe, Lene wird schließlich die Frau des Fabrikmeisters Gideon.

Chronologie und Schauplätze:

Der Roman spielt in den Jahren 1875 bis 1878. Schauplatz ist Berlin sowie – in den Kapiteln 11 bis 13 – der Ausflugsort ‚Hankels Ablage' bei Berlin. Briefe berichten aus der Kurstadt Schlangenbad im Taunus. ➪ S. 30 ff.

Personen:

Die Hauptpersonen sind

Lene Nimptsch: ➪ S. 39 ff.

- → Anfang oder Mitte zwanzig, hübsch, von Beruf Kunststickerin,
- → ehrlich und selbstbewusst,
- → neigt gelegentlich zum Sticheln,

Botho von Rienäcker: ➪ S. 41 ff.

- → groß und charmant, Leutnant,
- → akzeptiert die Menschen aller Schichten,
- → seiner adeligen Herkunft verhaftet,
- → konfliktscheu,

sowie

➪ ab S. 43 ff.

Frau Dörr,
Frau Nimptsch,
Gideon Franke (am Ende Lenes Ehemann),
Käthe von Sellenthin (Bothos Frau ab 16. Kapitel)
und Kurt Anton von Osten.

Stil und Sprache Fontanes:

➪ S. 58 ff.

Fontanes Erzählen ist dynamisch. Zu dieser Dynamik gehören

- → die Vorausdeutungen,
- → das Spiel mit Wörtern und Namen,
- → die Motivverdoppelungen.

➪ S. 71 ff.

Wir behandeln

- → die literaturwissenschaftlichen Begriffe Diskurs und Intertextualität,
- → die intertextuellen Einflüsse auf *Irrungen, Wirrungen*.

Es gibt verschiedene Erzählperspektiven. Sie wechseln im Roman.

Interpretationsansätze:

➪ S. 84 ff.

Wir klären den Realismus Fontanes,
und wir erkennen: *Irrungen, Wirrungen* ist

- → ein Gesellschaftsroman
- → und insbesondere ein Roman über den gesellschaftlichen Wandel,
- → ein psychologischer Roman
- → und insbesondere ein Entwicklungsroman.

Fontane beobachtet genau – **gesellschaftskritisch** und **psychologisch.**

Theodor Fontane
1819–1898

2. THEODOR FONTANE: LEBEN UND WERK

2.1 Biografie

JAHR	ORT	EREIGNIS	ALTER
1819	Neuruppin	Geburt am 30. 12. als ältester Sohn des Apothekers Louis Henri Fontane und seiner Frau Émilie, geb. Labry. Beide haben französische Vorfahren.	
1827	Swinemünde (an der Odermündung, heute: Świnoujście)	Nach Pleite des Vaters Neuexistenz	7
1833	Berlin	Schüler der Berliner ‚Gewerbeschule' (Oberrealschule)	13
1836	Berlin	Fontane erwirbt das ‚Einjährige', d. h. die Mittlere Reife. Beginn seiner Apothekerlaufbahn (in Berlin, Leipzig, Dresden, Letschin)	16
1846	Berlin	Fontane trägt im ‚Tunnel über der Spree', einem literarischen Klub, seine Balladen vor; darunter *Der alte Zieten*.	26
1848	Berlin	Während der Revolution Teilnahme an Barrikadenkämpfen: Fontanes rebellische Zeit	28
1849	Berlin	Fontane gibt den Apothekerberuf auf. Im folgenden Jahr Heirat mit Emilie, geb. Rouanet. Erste Gedichtbände erscheinen.	29
1855	London	Pressebeauftragter der preußischen Regierung bis 1859. In dieser Zeit Reise nach Schottland	35

JAHR	ORT	EREIGNIS	ALTER
1860	Berlin	Fontane wird Redakteur bei der konservativen ‚Preußischen Zeitung', genannt ‚Kreuz-Zeitung'. Fontanes konservatives Jahrzehnt beginnt. Vorbereitung der *Wanderungen durch die Mark Brandenburg*, die ab 1862 erscheinen.	40
1870	Berlin	Fontane verlässt die ‚Kreuz-Zeitung' und wird Theaterkritiker für die ‚Vossische Zeitung'.	50
Herbst 1870	Lothringen, Besançon, Atlantikinsel Oléron	2-monatige Gefangenschaft in Frankreich während des deutsch-französischen Krieges	50/51
1874	Venedig, Florenz, Rom, Neapel	3-wöchige Reise nach Italien	54
1878	Berlin (seit 1872 endgültige Wohnung Potsdamer Straße 134 c)	*Vor dem Sturm* erscheint. Es ist der erste von insgesamt 17 Romanen Fontanes.	58
1880	Berlin	Die Ballade *Die Brück' am Tay* erscheint.	60
1885	Berlin	*Unterm Birnbaum* erscheint, eine von Fontanes Kriminalgeschichten.	65
1887	Berlin	***Irrungen, Wirrungen* erscheint.**	67
1890	Berlin	*Stine* erscheint, nach *Cécile* (1886) und *Irrungen, Wirrungen* der dritte Roman über eine Frau, deren Liebe von der Gesellschaft verachtet wird.	70
1892	Berlin	*Frau Jenny Treibel*, der Roman über das Berliner Bürgertum, erscheint.	72
Ende 1892	Berlin, Riesengebirge	Fontane, an Gehirnanämie erkrankt, genest durch die Arbeit an *Meine Kinderjahre*.	72/73

JAHR	ORT	EREIGNIS	ALTER
1894	Berlin	*Effi Briest* erscheint.	74
1898	Berlin	Tod am 20. September. *Der Stechlin*, im Jahr zuvor in einer Stuttgarter Wochenzeitung erschienen, kommt als Buch heraus.	78

2.2 Zeitgeschichtlicher Hintergrund

ZUSAMMENFASSUNG

Wichtig war in den 1880er Jahren:
→ Preußen und Berlin haben eine Vormachtstellung im Deutschen Reich.
→ Der Adel hat die politische Macht.
→ Das Bürgertum gewinnt an Einfluss.
→ Die Hauptstadt Berlin wächst schnell.
Ferner: Die literarische Richtung des Realismus hat ihren Höhepunkt.

Preußen und Berlin

König Wilhelm I. deutscher Kaiser
Gründung des Deutschen Reiches
Preußen Vormachtstellung

In den 70er und 80er Jahren des 19. Jahrhunderts war Preußen mit seiner Hauptstadt Berlin erstarkt wie nie zuvor. Im deutsch-dänischen Krieg 1864 hatte es das heutige Schleswig-Holstein und Nordschleswig hinzugewonnen, und im deutsch-französischen Krieg 1870/71 hatte es, gemeinsam mit den süddeutschen Staaten, Elsass-Lothringen erobert. Im Jahre 1871, am Ende dieses Krieges, war in Versailles bei Paris der preußische König Wilhelm I. zum deutschen Kaiser ausgerufen worden. Das Deutsche Reich war damit gegründet, Preußen hatte darin eine Vormachtstellung.

Gründerjahre

Das Deutsche Reich hatte Frankreich eine Kriegsentschädigung von 5 Milliarden Franken abgefordert, eine riesige Summe, die die Wirtschaft ankurbelte und auch den Ausbau des Eisenbahnnetzes vorantrieb. Man nennt diese Zeit die ‚Gründerjahre'. Den Fabrikanten und Industriellen brachten diese Jahre einen bisher unbekannten Reichtum. Auch der kleinbürgerliche Mittelstand, Gewerbetreibende und Handwerksmeister – wie der Gärtnereibesitzer Dörr in *Irrungen, Wirrungen* –, hatten Teil an diesem Aufschwung.

Das Kapital der Fabrikanten beherrschte die Wirtschaft. Die politische Macht jedoch hatte der Adel.

In hohem Ansehen stand das Militär, denn die militärischen Siege, zusammen mit Bismarcks Diplomatie, hatten die Gründung des Deutschen Reichs ermöglicht. Nur Adlige konnten Offiziere werden.

Reichshauptstadt Berlin

Berlin, seit 1871 Reichshauptstadt, wuchs, da seine aufstrebende Industrie die Arbeiter anzog. Auch junge Frauen kamen als Dienstmädchen in großer Zahl nach Berlin. Für diese Unterschicht war das Elend groß; fünfköpfige und noch größere Familien wohnten oft in einem einzigen Raum zusammen. 1871 hatte Berlin 930.000 Einwohner, 1875, zur Handlungszeit von *Irrungen, Wirrungen*, waren es etwa 1.100.000, und im Jahre 1887, als der Roman erschien, waren es fast 1.800.000 Einwohner. Das war eine Verdoppelung der Bevölkerung binnen 16 Jahren! Die wilden Müll- und Schutthaufen im 9. Kapitel des Romans waren typisch für die wachsende Großstadt. Allmählich wurde die Infrastruktur Berlins aufgebaut: Seit 1873 erfolgte der Bau der Abwasser-Kanalisation (der 1893 beendet war, abgesehen von Randbezirken), 1881 fuhr die erste Straßenbahn, und 1882 wurde das erste Stück der Stadtbahn (S-Bahn) eröffnet. Schon vorher waren viele Ausflugsziele mit der Eisenbahn zu erreichen.

Bevölkerungswachstum

Bismarck

Otto von Bismarck, der Reichskanzler, betrieb eine Politik der Festigung des deutschen Staates. Dabei arbeitete er vor allem mit den Nationalliberalen, der Partei des wohlhabenden Bürgertums, zusammen. Die Adligen, die auf ihre Privilegien bedacht waren, waren in vielen Fragen Bismarcks Gegner. (Auch der erzkonservative Adlige Onkel Kurt in *Irrungen, Wirrungen* hat diese Haltung.) Die entschiedensten Gegner Bismarcks, der selbst überzeugter Monarchist war, waren jedoch die Sozialdemokraten. 1878, mit den sogenannten Sozialistengesetzen, wurden die sozialdemokra-

Sozialistengesetze

tischen Bestrebungen im Reich verboten, doch dieses Verbot, formal gültig bis 1890, ließ sich nicht durchsetzen. Ab 1883 betrieb Bismarck seine Sozialgesetzgebung, die die Krankenversicherung für Arbeiter einführte. Ein Ziel Bismarcks war dabei auch, die Kampfbereitschaft der Sozialdemokraten zu schwächen.

Wilhelm II.

Im Jahre 1888 stieg Wilhelm II. auf den Kaiserthron. 1890 entließ er Bismarck. Unter Wilhelm II. verfolgte Deutschland immer mehr ein Großmachtstreben in Konkurrenz mit den anderen europäischen Mächten.

Großmachtstreben

Die Literaturszene

Der Roman *Irrungen, Wirrungen* ist ein großes Werk des literarischen Realismus. Die 1880er Jahre, in denen Fontane an *Irrungen, Wirrungen* arbeitete, sind eine Blüte und auch schon eine ausklingende Zeit des Realismus in Deutschland. Hier einige Angaben zum **Realismus:**

1882 veröffentliche **Conrad Ferdinand Meyer** seine Novelle *Gustav Adolfs Page*,
1886 erschien der Roman *Martin Salander* von **Gottfried Keller**,
1888 erschien **Theodor Storms** Novelle *Der Schimmelreiter*,

realistische Werke, in denen der Einzelne im Kampf mit der übermächtigen Gesellschaft steht.

In diesen Jahren publizierten auch sogenannte **Reiseschriftsteller** ihre Erzählungen über exotische Länder; so Balduin Möllhausen (*Der Leuchtturm am Michigan*, mit einer Einleitung von Theodor Fontane, 1882) und Karl May (*Durch das Land der Skipetaren*, 1888). Beide Autoren wollten den Lesern ein realistisches Bild fremder Regionen vermitteln.

Die modernste Strömung in dieser Zeit war aber nicht mehr der Realismus, sondern der Naturalismus. Ein Blick auf den **Naturalismus:** In Frankreich erschien 1885 Émile Zolas Roman *Germinal*, der das grausame Los der Grubenarbeiter darstellte, und 1882 wurde das Drama *Die Gespenster* des Norwegers Henrik Ibsen uraufgeführt. 1888 veröffentlichte Gerhart Hauptmann die Novelle *Bahnwärter Thiel*, die Beschreibung einer zerrütteten Familie.

2.3 Angaben und Erläuterungen zu wesentlichen Werken

1849 **Fontane 30 Jahre alt** — 1898 **Tod**

ab 1836	ab 1846	ab 1860	ab 1870	ab 1878	1887
Apotheker	Balladendichter	***Wanderungen durch die Mark Brandenburg***	Theaterkritiker	die Romane	***Irrungen, Wirrungen***

Erst mit knapp 58 Jahren, im Jahre 1878, veröffentlichte Theodor Fontane seinen ersten Roman, erst als 67-Jähriger beendete er *Irrungen, Wirrungen*. Man könnte meinen, Fontane sei ein Spätentwickler. Aber in Wahrheit sind Fontanes Romane die folgerichtig gewachsenen Gipfelleistungen seines Lebens.

Fontanes Arbeit als **Apotheker**: Sinn für die Präzision und das Ordnen

Der **Balladendichter**: die pointierte Formulierung, die spannende Handlung

Der Autor der ***Wanderungen durch die Mark Brandenburg:*** Gespür für Land und Leute, soziale Probleme

Theaterkritiker: Beobachten und Beurteilen, Sinn für Ironie

→

Der späte Fontane: die Romane

1878 *Vor dem Sturm:* Blick in Preußens Vergangenheit

1886 *Cécile;*
1887 *Irrungen, Wirrungen;*
1890 *Stine:* die drei ‚Frauen-Romane'

1894 *Effi Briest* (Roman über einen Ehebruch): kritische Beobachtung der Gegenwart

1897 *Der Stechlin* (Roman über einen modern denkenden Adligen): Blick auf ein neues Preußen und die zukünftige moderne Welt

Fontanes ‚Frauen-Romane'

Irrungen, Wirrungen gehört zu den drei ‚Frauen-Romanen' Theodor Fontanes, in denen er beschreibt, wie junge Frauen eine Liebesbeziehung eingehen, die den herrschenden Normen und Anstandsregeln widerspricht. *Cécile*, der erste dieser Frauen-Romane, bewegt sich in Adelskreisen (Cécile ist eine ehemalige Fürstengeliebte, die unter Vorurteilen leiden muss), *Irrungen, Wirrungen* beschreibt die Liebe zwischen der kleinbürgerlichen Stickerin Lene und einem jungen adeligen Offizier, und *Stine* ist die Geschichte der Liebe zwischen einer einfachen Näherin und einem Grafen. Die drei Frauengestalten besitzen eine große seelische Stärke. Sie erleben den Konflikt mit der Gesellschaft und sind dabei ihren männlichen Partnern überlegen. Auf diese Weise übt Fontane eine scharfe Kritik an den Verhältnissen der Epoche.

In diese späten Romane ist Fontanes künstlerisches Können eingeflossen, das er sich lebenslang bei seiner Arbeit mit verschiedenen literarischen Genres wie seinen Balladen, seinen Reiseberichten *Wanderungen durch die Mark Brandenburg* und seinen *Theaterkritiken* erworben hat. Seine Berufsjahre als Apotheker haben Fontane ebenfalls geprägt, und natürlich haben auch seine politischen Erfahrungen in Deutschland und England in seine Romane Eingang gefunden. „Wie er ganz zuletzt war, so war er eigentlich"[1] – mit diesem Satz lässt sich der Autor Theodor Fontane treffend charakterisieren. Fontane hat den Satz einmal über seinen Vater ausgesprochen.

Roman als Zeitbild

Schon 1875 schrieb Fontane: „Der moderne Roman soll ein Zeitbild sein, ein Bild **seiner** Zeit."[2] Die Übersicht (siehe vorangehende Seite 16) über Fontanes Entwicklung zeigt, dass er bewusst oder unbewusst immer auf dieses große Ziel hingearbeitet hat.

Fontane selbst hat seine Romane gern auch als ‚Novellen' bezeichnet.

---

1 Reuter, 1. Bd., S. 35; vgl. Fontane: *Werke, Schriften und Briefe*, II/4, S. 151
2 Fontane: *Werke, Schriften und Briefe*, III/1, S. 319

3. TEXTANALYSE UND -INTERPRETATION

3.1 Entstehung und Quellen

ZUSAMMEN-FASSUNG

1882 Fontane entwirft *Irrungen, Wirrungen.*
1884 Aufenthalt im Gasthof ‚Hankels Ablage', erste Niederschrift
1886 Überarbeitung
1887 Abdruck in Fortsetzungen in der ‚Vossischen Zeitung'
1888 Buchausgabe

Unter dem Datum 12. Dezember 1882 steht in Theodor Fontanes Tagebuch: „Novellenstoff aufgeschrieben (‚Irrt, wirrt')." Fontane hatte also damals den Roman – er nennt ihn selbst Novelle – entworfen, und er hatte sogar schon, wie er sich später erinnerte (Brief[3] vom 28. 4. 1890), die ersten vier Kapitel niedergeschrieben.

➪ S. 74 ff.
➪ S. 97

Die Romanhandlung geht nicht auf einen speziellen Vorfall zurück wie im Falle der Ehebruch-Romane *L'Adultera* und *Effi Briest*. Fontane hat sich in *Irrungen, Wirrungen* von literarischen Werken beeinflussen lassen (Fontane war auch ein großer Leser!). Wir kommen im Abschnitt ‚Intertextuelle Einflüsse' (S. 74 ff.) hierauf zu sprechen. Vielleicht spielen in *Irrungen, Wirrungen* auch eigene alte Liebeserlebnisse mit hinein (siehe Kapitel Rezeptionsgeschichte, S. 97).

Fontane besucht die Schauplätze seines Romans

Nach 1882 ließ Fontane den Stoff liegen. Laut Tagebuch hat er ihn im April 1884 wieder aufgenommen, im Mai 1884 mehrere Orte des Romans wie das Hinckeldey-Grab, den Rollkrug und den Jakobi-Kirchhof aufgesucht und sich am 12. Mai 1884 in der Nähe des Gasthofes

3 Siehe Fontane: *Werke, Schriften und Briefe*, IV/4, S. 37 f.

‚Hankels Ablage' einquartiert. Dort brachte er im Laufe von zwei Wochen die erste Fassung des Werkes vollständig zu Papier. In den folgenden zwei Jahren war er mit seinen Romanen *Cécile* und *Stine* beschäftigt. Im April 1886 begann Fontane mit der „Korrektur", wie er es nannte, d. h. mit der sorgfältigen Überarbeitung und sprachlichen Ausfeilung der ersten Fassung. Dies war seine Hauptbeschäftigung bis Ende des Jahres.

‚Hankels Ablage': Fassade des Hotel-Restaurants Segler-Schloss bei Zeuthen, Provinz Brandenburg © ullstein bild – Haeckel-Archiv, undatierte Aufnahme

Anfang Juli 1887 sandte Fontane das nun endgültige Manuskript an die ‚Vossische Zeitung'. Diese Tageszeitung brachte den Roman in Fortsetzungen vom 24. Juli bis 23. August 1887. Der Titel lautete hier: *Irrungen, Wirrungen. Eine Berliner Alltagsgeschichte.* Fontane erhielt ein Honorar von 3000 Mark. (Um die Summe einzuschätzen: Ein gelernter Arbeiter verdiente damals etwa 2000 Mark im Jahr.) Bald danach, Anfang 1888, erschien *Irrungen, Wirrungen* mit diesem kurzen Titel als Buch in dem Leipziger Verlag F. W. Steffens. Das Honorar betrug 1500 Mark. Solch zweifacher Druck eines Romans, zuerst der sogenannte Vorabdruck in einer Zeitung oder Zeitschrift, dann die Ausgabe als Buch, war im späten 19. Jahrhundert üblich. Dem Schriftsteller brachte dies natürlich höhere Einkünfte, als wenn er nur auf die Buchveröffentlichung angewiesen wäre.

Erste Buchausgabe im Leipziger Verlag Steffens

Die zweite und die folgenden Ausgaben erschienen in anderen Verlagen; bis 1910 wurden von *Irrungen, Wirrungen* 20.000 Exemplare abgesetzt. Neben *Effi Briest* war dieses Werk Theodor Fontanes großer Erfolg. Doch dies noch als Vergleich: Karl Mays Amerika-Roman *Winnetou*, 1893 erschienen, wurde in etwa derselben Zeit 70.000 Mal verkauft.

3.2 Inhaltsangabe

ZUSAMMEN-FASSUNG

Im Mittelpunkt steht die Liebe zwischen Botho Freiherr von Rienäcker, Premierleutnant, und der kleinbürgerlichen Kunststickerin Magdalene Nimptsch, genannt Lene.

- → 1. bis 15. Kapitel: Erzählt wird das Liebesverhältnis der beiden Hauptpersonen.
- → 16. bis 26. Kapitel: Nach der Trennung schildert der Roman das weitere Schicksal und die Glücksuche der beiden.

Botho spricht den Titel des Romans aus. „Viel Freud, viel Leid. Irrungen, Wirrungen. Das alte Lied", sagt er sich, als er die alten Briefe von Lene verbrennt (22. Kapitel, S. 119).

Die Gärtnerei, Lene und ihr Freund Botho (1.–3. Kapitel)

1. Kap.: Am Stadtrand von Berlin – am „Schnittpunkte von Kurfürstendamm und Kurfürstenstraße" – befindet sich die Gärtnerei des Ehepaares Dörr. Auf dem Gelände wohnen Lene und ihre Pflegemutter Frau Nimptsch, eine Plätt- und Waschfrau, in einem einfachen Gebäude zur Miete. An einem Abend kurz nach Pfingsten, im Licht der untergehenden Sonne, sprechen Frau Dörr und Frau Nimptsch über Lene und ihren Freund Botho. Frau Dörr erinnert sich an ihre eigene Liebschaft mit einem Grafen. Die beiden Frauen sehen von ferne, wie Botho und Lene sich voneinander verabschieden, und sie bewundern Bothos Charme.

Lene, Frau Nimptsch, Frau Dörr

2. Kap.: Am folgenden Vormittag arbeitet Herr Dörr im Garten, zwischen Hühnern und dem Hund.

3. Kap.: Die gesprächige Frau Dörr berichtet Lene, die gerade plättet, vom Geiz ihres Mannes und schenkt ihr eine Schüssel Bruchspargel. Lene erzählt, wie sie Botho kennengelernt hat: Am Ostermontag bei einer Ruderfahrt auf der Spree bei Stralau hat er sie und ihre Freundin vor einem herannahenden Dampfer gerettet und sie dann nach Hause gebracht.

⇨ S. 104

Fröhlicher Tanz und Lenes Blick in die Zukunft (4.–5. Kapitel)

4. Kap.: Am Abend dieses Tages kommt Botho wieder und bringt Lene und ihren Mitbewohnern von einem Fest etwas mit: Knallbonbons, denen Zettel mit lustigen oder ernsten Sprüchen beigefügt sind. Botho macht vor, wie feine Leute bei Tisch Gespräche führen. Die Stimmung wird übermütig: Musik klingt herüber, Botho veranlasst alle zum Tanzen, und Dörr schlägt mit dem Loffel den Takt.

Lene und Botho im Garten

5. Kap.: Botho und Lene verbringen, nachdem sich die anderen zurückgezogen haben, noch eine Stunde im Garten. Sie necken sich, küssen sich und erfreuen sich an den Erdbeeren. Lene spricht offen zu Botho: Sie sei jetzt glücklich, spüre aber schon, dass Bothos Familie mit ihren Forderungen ihr Botho nehmen werde.

Botho, Onkel Kurt und die Pläne der Familie (6.–8. Kapitel)

Zwei Briefe

6. Kap.: Eine Woche danach. Botho, in seiner großzügigen Wohnung in der Bellevuestraße, erhält zwei Briefe; von seinem Onkel Kurt Anton von Osten und von Lene. Der Onkel, zurzeit in Berlin, lädt ihn zu Mittag ins Restaurant ein. Botho ahnt, dass er die Forderungen seiner Familie zu hören bekommen wird. Lene schreibt ihm, sie habe ihn in Begleitung von Damen gesehen, und bittet ihn sehnsüchtig, sie wieder zu besuchen. Botho ist gerührt, sogar über Lenes Rechtschreibfehler, sieht aber nun den Konflikt auf sich zukommen.

Onkel Kurt ermahnt Botho, Käthe zu heiraten

7. Kap.: Anschließend, im Restaurant Hiller, wo der Onkel wartet, bringt Botho auch seinen Freund Leutnant von Wedell mit. Der Onkel ereifert sich bei Hummer und Wein gegen die neue Zeit. Er ist voller Spott über Bismarck und über Bismarcks Kampf gegen die erzkonservativen Kreise. Vor allem aber ermahnt er Botho, seine Kusine Käthe von Sellenthin zur Frau zu nehmen; zum einen, weil es die Eltern früher schon abgemacht haben, zum andern, weil Botho doch Käthes Vermögen brauche seiner finanziellen Sanierung wegen.

8. Kap.: Kurz danach trifft Wedell im Klub zwei weitere Freunde Bothos, Pitt und Serge (so ihre Spitznamen). Sie reden über Botho, über seine längst geplante Ehe und darüber, dass sein Verhältnis mit Lene nun zu Ende gehen werde.

Nach Wilmersdorf: Spaziergang zwischen Schutthaufen (9.–10. Kapitel)

9. Kap.: Am folgenden Abend besucht Botho wieder Lene. Sie machen mit Frau Dörr einen Spaziergang in Richtung Wilmersdorf. Der Weg führt durch die freie Landschaft, aber auch an Schutt- und Unkrauthaufen und an den Geräuschen einer Kegelbahn vorbei. Lene sagt bei dem Kugelaufsetzen einmal „Sandhase“, d. h. keinen Treffer, und einmal „alle neun“ richtig voraus. Sie spielen Fangen, und sie singen Lieder, die sie traurig stimmen.

Bothos Versprechen

10. Kap.: Danach sitzen Botho und Lene mit Frau Nimptsch am Herd zusammen. Frau Nimptsch hat keinen rechten Lebenswillen mehr. Botho, der sich bei ihr wohlfühlt, verspricht ihr, dereinst einen Immortellenkranz auf das Grab zu legen. Sie wird wieder froh. Man plaudert, bis Botho aufbricht.

In ‚Hankels Ablage': Glück und bitterer Ausgang (11.–13. Kapitel)

Bootsfahrt

11. Kap.: Einige Wochen sind vergangen. An einem Freitagnachmittag beginnen Botho und Lene ihren seit langem besprochenen Ausflug. Mit der Eisenbahn fahren sie zu ‚Hankels Ablage', einem Gasthof, wo sie auch die Nacht verbringen wollen. Sie kommen gegen fünf Uhr nachmittags an, wählen ein Zimmer – eine Giebelstube –, fahren Boot und gehen über die Wiesen. Botho spottet über die schlichten Blumen, doch Lene bringt für ihn einen reichhaltigen Strauß zustande. Auf Bothos Wunsch bindet sie ihn mit einem Haar von sich zusammen.

‚Hankels Ablage': Dampfer - und Bootsanlegestelle am Segler-Schloss © ullstein bild – Haeckel-Archiv, undatierte Aufnahme

12. Kap.: Lene fühlt sich fiebrig und zieht sich zurück; sie erhält von der Wirtin, die sie für schwanger hält, Melissentee. Botho werden vom Wirt Fisch und Wein serviert. Der Wirt klagt über die viele Arbeit, die anfällt, wenn sich große Gesellschaften anmelden. Im Zimmer betrachtet Lene die aufgehängten Bilder, die ihr, auch wegen der unverständlichen englischen und französischen Beschriftungen, fremd sind. Doch in der frischen Luft am offenen Fenster fühlt sie sich wieder wohl. Als Botho ins Zimmer kommt, hat sie ihr Haar schon gelöst.

Spaziergang und Störung der Zweisamkeit

13. Kap.: Am Morgen sind sie früh auf und gehen spazieren. Lene sieht eine Magd mit Fleiß Geschirr putzen und fühlt sich von dem Anblick irritiert. Als Lene und Botho eine Segelpartie beginnen wollen, treffen sie auf Pitt, Serge und Balafré (einen weiteren Kameraden Bothos), die mit ihren momentanen Geliebten – Prostituierten oder Halbprostituierten – unterwegs sind. Diese Neuankömmlinge nehmen die beiden in Beschlag. Zwei Stunden lang ist Lene mit den drei Frauen zusammen und erlebt ihr rohes Gebaren. Besonders trifft es Lene, als eine der drei, die den Spitznamen Königin Isabeau trägt, Lene davor warnt, Liebe zu empfinden.

Bothos Abschied von Lene (14.–15. Kapitel)

14. Kap.: Botho und Lene sind wieder allein und fahren, wie vorgesehen, mit dem Zug und anschließend in der Droschke zu Lene zurück. Das Glücksgefühl und jede gute Stimmung sind dahin. Lene nennt das Blumenpflücken die letzte schöne Stunde.

Bothos Mutter ermahnt ihn brieflich

Am folgenden Morgen erhält Botho einen Brief von seiner Mutter, in dem sie ihn, noch eindringlicher als der Onkel, an elterliche Ehe-Pläne und an finanzielle Sorgen erinnert und ihm die Heirat mit Käthe nahelegt. Botho versucht bei einem Ausritt, klare Gedanken zu fassen. Er trifft auf den Gedenkstein für einen im Duell Gefallenen und auf Walzwerk-Arbeiter, die mit ihren Familien friedlich kampieren. All dies führt ihm die Bedeutung von Ordnung vor Augen. Er beschließt, die Beziehung zu Lene zu beenden.

15. Kap.: Tags darauf schreibt Botho an Lene, dass er sich für immer von ihr trennen müsse. Er kommt zu ihr; wieder gehen sie in Richtung Wilmersdorf. Später verabschiedet sich Botho, zuerst von Frau Nimptsch. Lene macht Botho keine Vorwürfe, sie wünscht ihm Glück. Sie küsst ihn und sieht ihm lange nach.

Lene bricht zusammen (16. Kapitel)

Lene trifft zufällig auf Botho und Käthe

Es ist Mitte Oktober. Botho und Käthe haben inzwischen geheiratet, ihre Hochzeitsreise nach Dresden unternommen und in der Landgrafenstraße eine von Käthes Mutter eingerichtete Wohnung bezogen. Als Lene in der Gegend unterwegs ist, kommt ihr zufällig Botho mit seiner plaudernden Frau entgegen, ohne dass die beiden sie sehen. Lene wird fast ohnmächtig, in einem Vorgarten setzt sie sich nieder. Sie kommt blass zu Hause an und wird von Frau Dörr zu Bett gebracht.

Lene in neuer Wohnung (17. Kapitel)

Zeitsprung von zweieinhalb Jahren

Zweieinhalb Jahre später. Käthe hat sich als eine immer gut gelaunte, am Komischen hängende Frau erwiesen; schmerzlich vermisst Botho bei ihr Ernsthaftigkeit. Als eines Abends Walzermusik in die Wohnung klingt, lässt er sich von ihrer Freude am Tanz mitreißen. – Lene hat, um Botho ja nicht mehr zufällig zu treffen, längst die Initiative ergriffen. Sie ist mit ihrer Mutter umgezogen und wohnt nun nahe der Stadtmitte, am Luisenufer mit Aussicht auf die Michaeliskirche.

Cordula Trantow als Lene in dem Fernsehfilm *Irrungen und Wirrungen*, entstanden 1965. © ullstein bild – Heinz Köster. Die Abbildung zeigt die Aussicht auf die Michaeliskirche.

Frau Dörr kommt allwöchentlich zu Besuch; sie bemerkt als Erste eine weiße Strähne in Lenes Haar. Ein Mitmieter namens Gideon Franke ist eingezogen, ein Fabrikmeister und Begründer einer Sekte. Er kommt oft zu Lene und ihrer Mutter und erzählt von seiner Arbeit (Gas-Anlagen und Zubehör) und seinen Erfahrungen in Amerika. Frau Nimptsch glaubt, er werde Lene heiraten, wenn Lene ihm ihr Vorleben verschweigt.

Käthes Aufbruch nach Schlangenbad (18. Kapitel)

Das Ehepaar Botho und Käthe ist bisher kinderlos geblieben. Nach teuren ärztlichen Untersuchungen haben sie für Käthe eine Kur in Schlangenbad im Taunus beschlossen, die am Johannistag, dem Tag des Sommeranfangs, beginnen soll. Am Vorabend hat das Ehepaar Freunde eingeladen. Käthe unterhält sie alle, indem sie von Schlangenbad und den Bekanntschaften schwärmt, die sie dort machen will. Botho ärgert sich und geniert sich wegen Käthes Geschwätzigkeit, aber Balafré und Serge, die Gäste, begeistern sich für Käthe und machen ihr Komplimente.

Lenes Mutter stirbt (19. Kapitel)

Gideon macht Lene einen Heiratsantrag

An demselben Abend hat Gideon Lene einen Heiratsantrag gemacht. Lene hat ihr ‚Ja' gegeben, hat ihm aber auch von Botho und einem anderen früheren Liebhaber erzählt. Dies berichtet sie jetzt, am Tag danach, ihrer Mutter. Frau Nimptsch macht die Wassersucht zu schaffen, sie leidet unter Herzbeschwerden und Atemnot.

Die zu Hilfe geholte Frau Dörr gibt ihr eine doppelte Dosis Fingerhut-Extrakt. Frau Nimptsch betet um Lenes Zukunft. Ehe der von Lene herbeigerufene Arzt kommt, ist die alte Frau tot.

Gideon Franke bei Botho (20. Kapitel)

Über drei Wochen hin erhält Botho Briefe von Käthe aus der Kur. Darin erzählt sie vor allem von Frau Salinger, Gattin eines Bankiers in Wien, und ihrer zehnjährigen Tochter. Sie beklagt sich über die Ungezogenheit des kleinen Mädchens, gibt aber in späteren Briefen mehr der Mutter die Schuld. – Gideon Franke erscheint bei Botho und stellt sich als Lenes Bräutigam vor. Botho empfindet Respekt; er erzählt von den glücklichen Tagen, und er nennt Lenes selbstbewusste Haltung und ihre Freude an ehrlicher Arbeit. Diese Charaktereigenschaften sind für Gideon, wie er feierlich vorträgt, so wichtig, dass er Lene keine moralischen Vorwürfe macht. Gideon teilt Botho auch Frau Nimptschs Tod mit.

Gideon sucht Botho auf

Botho fährt zum Friedhof (21.–23. Kapitel)

21. Kap.: Botho macht sich sogleich auf zum Grab von Frau Nimptsch. Die Fahrt in der Droschke ist lang. Botho hört sich die beruflichen Sorgen des Kutschers an. Unterwegs kauft er, seinem alten Versprechen gemäß, einen Immortellenkranz und weiteren Grabschmuck. Verschiedenartigste Buden, Reklametafeln und Vergnügungslokale am Weg wecken seine Neugier, ebenso ein Kutschenunfall und die Gaststätte ‚Rollkrug'. Ein Musikantenpaar trägt ein Lied vor, das er einst mit Lene gesungen hat.

Droschkenfahrt durch Berlin; ⇨ S. 102

22. Kap.: Am Grab von Frau Nimptsch auf dem Jakobikirchhof bemerkt er einen Kranz von Lene und hängt seinen dazu. Von dem Wärter hört er, dass Lene das Grab pflegt. Nach seiner Rückkunft zu Hause denkt er an das Frühere und versucht, sich davon zu lösen. Er verbrennt im Kamin Lenes Briefe und ihren Strauß von ‚Hankels Ablage'. Hier spricht Botho auch den Titel des Romans aus. „Viel Freud, viel Leid. Irrungen, Wirrungen. Das alte Lied."

Botho verbrennt Lenes Briefe

23. Kap.: Anschließend stellt er sich auf Käthes Heimkommen ein und ermahnt das Personal zur Pflicht. Am nächsten Tag meldet ein Brief Käthes, dass sie ihre Heimreise verschiebt. Botho reitet aus und trifft auf Bozel von Rexin, einen Militärkameraden, der ihm von seiner Liebe zu einem einfachen Mädchen erzählt und ihn um sein Urteil bittet. Botho rät ihm, die Beziehung aufzugeben und sich seinen Eltern zu unterwerfen.

Bothos Rat

Käthe kehrt heim, und Lene heiratet (24.–26. Kapitel)

24. Kap.: Zwei Tage später kommt Käthe zurück. Schon während der Fahrt vom Bahnhof nach Hause zeigt sie ihre Freude, wieder bei Botho und in Berlin zu sein. Sie lässt sich von ihrem Personal begrüßen. Später vor dem Schlafzimmerspiegel genießt sie es, wie Botho mit ihr Scherze macht.

Käthe berichtet von Mr. Armstrong

25. Kap.: Am anderen Morgen berichtet sie Botho von Mr. Armstrong, einer Kurbekanntschaft aus Schottland, der sie durch sein ungeniertes Reden und seinen Spott über das Kriegführen beeindruckt hat. Berlin kommt ihr nun stickig vor. Die beiden machen einen Ausflug nach Charlottenburg und zu seinem Schlossgarten.

26. Kap.: Am Abend entdeckt Käthe das Häuflein Asche vor dem Kamin. Sie vermutet richtig, dass es verbrannte Liebesbriefe sind, und lässt mit einem neuen Feuer die Asche in Rauch aufgehen. – Drei Wochen später findet in der Jakobikirche die Hochzeit von Lene und Gideon statt: Die hübsche Lene wird von den dicht stehenden Neugierigen bewundert. Manche tuscheln über sie, weil sie keinen Kranz trägt. – Am anderen Morgen stößt Käthe in

Lene trägt keinen Jungfernkranz

der Zeitung auf die Hochzeitsanzeige, und weil sie die Namen Nimptsch und Gideon komisch findet, liest sie sie Botho vor. Botho versucht, in leichtem Ton zu antworten; er sagt: „Gideon ist besser als Botho.“

3.3 Aufbau

ZUSAMMENFASSUNG

Der Roman spielt zwischen der Woche nach Pfingsten 1875 und August 1878. Handlungsorte sind Berlin und – im 11. und 12. Kapitel – der Gasthof ‚Hankels Ablage' bei Zeuthen, 20 km südöstlich von Berlin. Briefe berichten aus der Neumark (jenseits der Oder, im 14. Kapitel) und aus Schlangenbad im Taunus (20. Kapitel).

Die Grundstruktur der Handlung

Glück – in der Ahnung des Getrenntseins

Einbruch in Glück → Höhepunkt des Glücks → Zerstörung des Glücks →

Onkel Kurt und die Familienpläne Kapitel 6–8

In ‚Hankels Ablage'
Freitag Kapitel 11/12
Samstag Kapitel 13/14

Abschied Montag Kapitel 15

Teil 1: Kapitel 1–15
Ein Schicksal.
Schluss: unglücklich

Getrennt – in der Erinnerung an das Glück

Höhepunkt der Erinnerung → Neubeginn

Botho

fährt zum Grab von Frau Nimptsch Kapitel 21/22

Bothos Frau Käthe verbrennt endgültig Lenes Briefe Kapitel 26

Lene

sieht Botho mit seiner Frau Käthe und bricht zusammen Kapitel 16

heiratet Gideon Kapitel 26

Teil 2: Kapitel 16–26
Zwei Schicksale.
Schluss: Glücksuche in der Schwebe

Chronologie

KAPITEL	EREIGNIS	ORT	ZEIT
Rückblende in Kap. 3	Botho und Lene lernen sich kennen	*Stralau*	x **Ostermontag 1875**
Kap.1		*Gärtnerei*	**kurz n. Pfingsten**
Kap. 2–5		*Gärtnerei*	
Kap. 6–8	Onkel Kurt und die Familienpläne	*Bothos Wohnung/ Restaur. Hiller/Klub*	**eine Woche später**
Kap. 9, 10		*Gärtnerei/Spaziergang*	
Kap. 11, 12	Der Ausflug	*‚Hankels Ablage'*	**Fr. Ende Juni 1875**
Kap. 13, 14 Teil 1		*‚Hankels Ablage'*	**Sa.**
Kap. 14 Teil 2		*Bothos Wohnung/Ausritt*	**So. (2. Juli 1882?)**
Kap. 15	Der Abschied	*Gärtnerei*	**Mo.**
Rückblende in Kap. 16	Botho und Käthe heiraten	*Rothenmoor in der Neumark*	x **Mitte Sept. 1875**
Kap. 16 Teil 1		*Bothos (und Käthes) Wohnung*	x
Kap. 16 Teil 2	Lene bricht zusammen	*Lützowstraße*	x **Mitte Okt. 1875**
Rückblende in Kap. 17	Lenes Umzug	*Lenes (neue) Wohnung*	x **Ostern 1876**

KAPITEL	EREIGNIS	ORT	ZEIT
Kap. 17		*Bothos Wohnung*	**x April 1878**
Kap. 18	Vor Käthes Abreise	*Bothos Wohnung*	| **23. Juni 1878**
Kap. 19	Lenes Mutter stirbt	*Lenes Wohnung*	| **24. (Johannistag)**
Kap. 20 Teil 1		*Bothos Wohnung*	| **25. Juni 1878**
Kap. 20 Teil 2 bis 23 Teil 1	Gideon besucht Botho, Botho am Grab	*Bothos Wohnung/Weg zum Friedhof*	| **Mitte Juli 1878**
Kap. 23 Teil 2		*Bothos Wohnung/Ausritt*	|
Kap. 24	Käthes Rückkehr	*Bothos Wohnung*	| **Ende Juli 1878**
Kap. 25, 26 Teil 1		*Bothos Wohnung/ Charlottenburg*	|
Kap. 26 Teil 2	Lene und Gideon heiraten	*Jakobikirche*	| **Mitte August 1878**
Kap. 26 Teil 3		*Bothos Wohnung*	|

x bedeutet: 1 Tag;
| bedeutet: direkt aufeinanderfolgende Tage

Erläuterung zur Datumsangabe in Kapitel 14

Wir nennen beim Kapitel 14 einmal das Datum 2. Juli 1882, obwohl das Kapitel 1875 spielt. Fontane hatte offenbar statt des Kalenders von 1875 den Kalender von 1882 vor Augen. (1882 hat er den Roman entworfen!) Denn an einem Sonntag trifft der Brief von Bothos Mutter ein, den sie am „29. Juni" (S. 73) geschrieben hat. Der 29. Juni 1882 war ein Donnerstag, das Eintreffen des Briefes am Sonntag passt hierzu. 1875 jedoch war der 29. Juni ein Dienstag – vier oder fünf Tage hätte der Brief nicht gebraucht! Auch die Angabe: „Pfingsten, Zeit der langen Tage" (S. 5) passt nicht für 1875 mit dem frühen Pfingsttermin (16. Mai), sondern eher für 1882: da war Pfingsten erst am 28. Mai und übrigens Ostern am 9. April. – Vielleicht aber hatte Fontane überhaupt keine Jahreszahl bedacht und hat den „29. Juni“ deshalb eingeführt, weil es gerade der kirchliche Gedenktag ‚Peter und Paul‘ ist. Auch der „24. Juni, Johannistag“ (S. 96) ist solch ein Gedenktag.

Orte und Geografie

BERLIN ZWISCHEN ZOO UND UNTER DEN LINDEN, UM 1890

1 km

Stralau
10 km

Spittelmarkt – Lenes Arbeitgeber
4 km

Luisenufer (heute Legiendamm) – Lenes Wohnung ab 17. Kap. – und Michaeliskirche
5 km

Görlitzer Bahnhof
6 km

Wilmersdorf
2 km

Rixdorf (heute Neukölln) mit Jakobifriedhof und Gaststätte Rollkrug
8 km

1 Schnittpunkt von Kurfürstendamm – einer Ausfallstraße Richtung Westen – und Kurfürstenstraße: Beginn des Romans *(bis 1887 gab es hier eine Gärtnerei, heute steht hier das Europa-Center; dieser Bereich des Kurfürstendamms heißt heute Budapester Straße)*, km-Angaben ab hier
2 Kurfürstenstraße
3 Landgrafenstraße (Bothos und Käthes Wohnung, ab 17. Kap.)
4 Lützowstraße
5 Magdeburger Platz
6 Restaurant Hiller in der Straße Unter den Linden
7 Bellevuestraße (Bothos Wohnung)
8 Landwehrkanal
9 Anhalter Bahnhof
F Fontanes Wohnung seit 1872, Potsdamer Straße 134 c *(das Haus wurde 1905 abgerissen)*

Der Roman spielt zum größten Teil in Berlin. Alle auftretenden Straßen, Kirchen und anderen Örtlichkeiten lassen sich in der damaligen Wirklichkeit wiederfinden. Botho und seine Familie stammen aus der Neumark („Schloss Zehden" wird auf S. 26 und 73 erwähnt).

Enge und Weite

Räume und das Wechseln von Räumen spielen eine große Rolle in *Irrungen, Wirrungen*. Es gibt das Nebeneinander von Enge und Weite: Die abgeschlossene Gärtnerei kontrastiert mit dem ungepflegt-freien Weg nach Wilmersdorf (9. Kap.) und der vielseitigen Landschaft von ‚Hankels Ablage' (11. Kap.). Die Gärtnerei in ihrer Kleinbürgerlichkeit kontrastiert auch mit den vornehmen Alleen; Lene wünscht sich zusammen mit Botho in die Lästerallee im Bereich des Tiergartens (S. 27). Der Roman betont den Gegensatz von eng und weit, indem er immer wieder vom Fensteröffnen spricht (S. 33, 35, 61, 101, 109). In Bothos Wohnung in der Landgrafenstraße spricht Gideon von seinen Erfahrungen in den amerikanischen „States" (S. 111).

DAS DAMALIGE EISENBAHNNETZ:

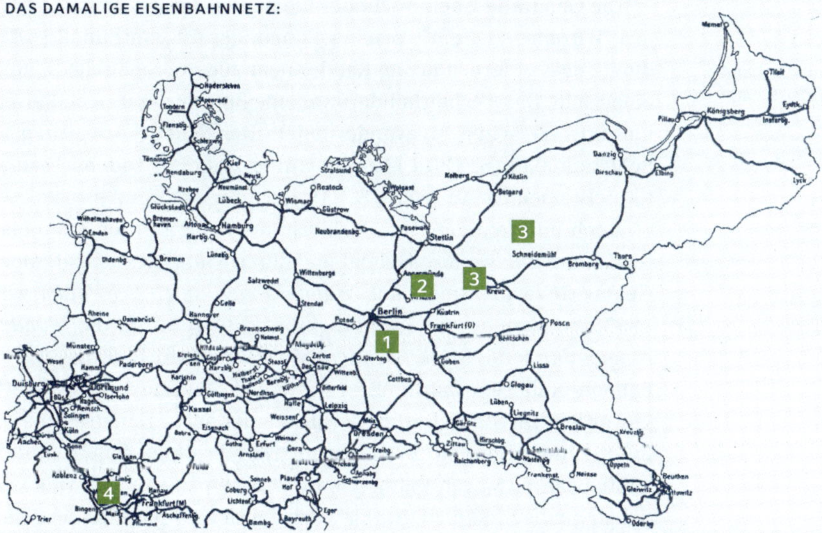

1 Bahnhof ‚Hankels Ablage' (bei Zeuthen), 20 km von Berlin

2 Zehden an der Oder (heute poln. Cedynia), Beginn der Neumark, von Berlin aus gesehen

3 Die Neumark

4 Schlangenbad im Taunus

Die **Geografie** ist ein wichtiges Element in diesem Roman. *Irrungen, Wirrungen* ist ein typischer Roman des 19. Jahrhunderts dadurch, dass er ferne und am Rande sogar außereuropäische Räume einbezieht. Das 19. Jahrhundert war eine Epoche der großen Reisen und überseeischen Auswanderungen. Der Schotte Armstrong in Schlangenbad (S. 130 f.) und der Amerikafahrer Gideon Franke („von Bremen bis Amerika“, S. 94) sind Männer ihrer Zeit.

Einbeziehung ferner Räume

Auch unternahmen im 19. Jahrhundert die Bürger Bildungsreisen, um ihre weitere Heimat und deren Kultur kennenzulernen: Gustav Schwabs Reisebuch *Wanderungen durch Schwaben* war 1837 erschienen, und Fontane publizierte 1862–82 die *Wanderungen durch die Mark Brandenburg*. Durch den Bau der Eisenbahnen in diesem Jahrhundert waren die Menschen beweglicher geworden. Die Bahn Berlin–Görlitz, an der auch ‚Hankels Ablage‘ mit eigenem Bahnhof liegt, wurde 1867 eröffnet. Schon in den 1850er Jahren waren Bahnreisen von Berlin zu den Kurorten wie Schlangenbad möglich. Berlin wuchs, weil die Menschen in diese Metropole ziehen wollten. So ist Bothos Droschkenkutscher aus Schlesien zugewandert (S. 113).

3.4 Personenkonstellation und Charakteristiken

ZUSAMMEN-FASSUNG

Die **Hauptpersonen** sind

Lene Nimptsch:
→ Anfang oder Mitte zwanzig, hübsch, von Beruf Kunststickerin,
→ ehrlich und selbstbewusst,
→ neigt gelegentlich zum Sticheln,

Botho von Rienäcker:
→ groß und charmant, Leutnant,
→ akzeptiert die Menschen aller Schichten,
→ seiner adeligen Herkunft verhaftet,
→ konfliktscheu,

Frau Dörr:
→ 40 Jahre, etwas dick, Frau eines Gärtnerei-Besitzers,
→ hilfsbereit,
→ ungeniert im Reden,

Frau Nimptsch (Lenes Pflegemutter):
→ alt, stirbt (im 19. Kap.); manchmal weinerlich,
→ strahlt Beständigkeit aus,
→ um Lene besorgt,

Gideon Franke (heiratet Lene am Ende):
→ über 50 Jahre, Fabrikmeister mit Berufserfahrungen in Amerika,
→ predigerhaft, Gründer einer Sekte,
→ offen für die neuen Entwicklungen seiner Zeit,

Käthe von Sellenthin (Heirat mit Botho im 16. Kapitel):
→ 22 Jahre alt, klein,
→ voller Lebensfreude, oft albern,
→ aufmerksam für Ungewohntes,

Kurt Anton von Osten:
→ lebt auf seinen Gütern, besuchsweise in Berlin,
→ erzkonservativ, standesbewusst, Bismarck-Gegner,
→ autoritär mit Zornesausbrüchen.

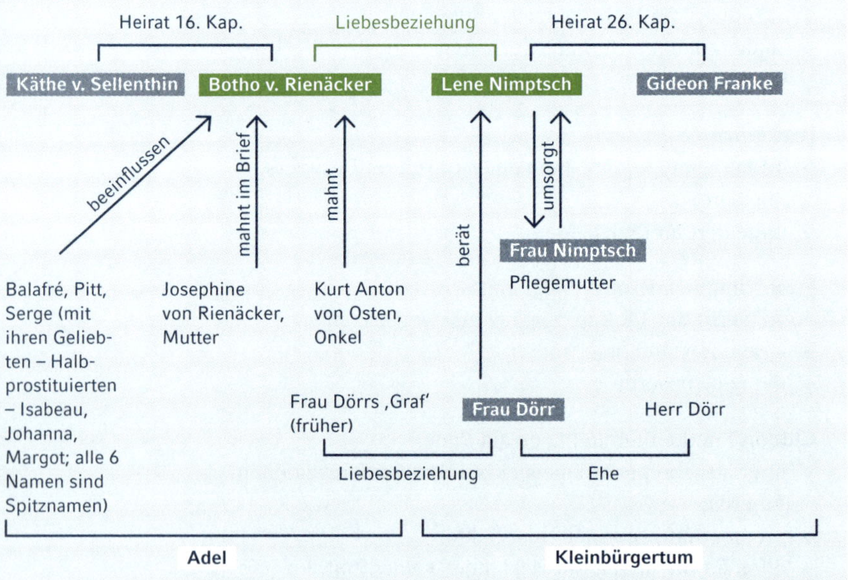

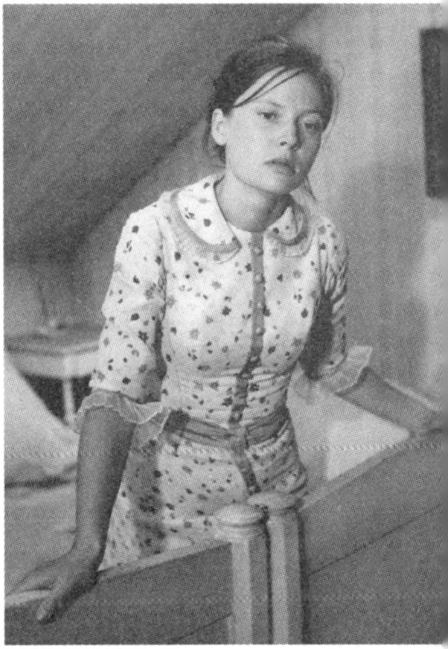

Cordula Trantow als Lene in dem Fernsehfilm *Irrungen und Wirrungen*, entstanden 1965. © ullstein bild – Hyzdal von Miserony

Lene,

mit vollem Namen: **Magdalene Nimptsch** (S. 82), ist aschblond (S. 12) mit „schöne[m] Haar" (S. 62). Sie ist schlank (nicht „im Vollen", S. 7) und „nicht klein" (S. 69). Noch bei ihrer Hochzeit ist sie ein „sehr hübsche[s] Mädchen" (S. 135). Sie ist Anfang oder Mitte zwanzig (sie sieht ihre 18-jährige Freundin als „sehr jung" an, S. 14).

Lene ist ein Mensch, der selbstbewusst, aufrichtig und mit dem Blick für das Wesentliche im Leben steht. „Einfachheit, Wahrheit, Natürlichkeit" (S. 76) zeichnen sie aus. Als Botho sie nach dem Kennenlernen fragt, ob er wiederkommen dürfe, antwortet sie nur kurz mit „Ja" (S. 109). Höfliche Konversation – Smalltalk, wie wir heute sagen – findet sie überflüssig und unsinnig. Auch anzügliche Gespräche sind ihr zuwider, ja verletzen sie; etwa wenn Frau Dörr vom Storch oder von ineinander gepiekten Stängeln spricht (S. 43 f.) oder wenn gar Isabeau ihr Erfahrungen aus dem Prostituiertendasein vorträgt (S. 69 f.).

Scharfblickend, klug und offen

So wie sie die Offenheit liebt, will sie „sich nichts weismachen lassen und vor allem sich selber nichts weismachen" (S. 27). Für ihre Irrtümer wird sie selbst aufkommen: „Wenn ich nun dafür zahlen muss, so zahle ich gern." (S. 81) Bei alledem ist sie klug und wird auch in ihrer Verliebtheit klug bleiben. Sie ist es – nicht Botho! –, die die Abschiedsszene im 15. Kapitel beherrscht. Sie sagt: „Auge und Liebe gehören immer zusammen" (S. 54) und beweist so ihre Freude am Scharfblick.

Spontan und unkonventionell

Konventionen sind für sie bedeutungslos. Wie andere ihre Liebesverhältnisse beurteilen, ist ihr gleichgültig. (Botho ist ihr zweiter intimer Freund, S. 95.) So ist sie ein spontaner Mensch und kann sich ihren Gefühlen ganz hingeben. Solange Botho bei ihr ist, will sie ihn ganz haben, nicht nur „halb“ (S. 25). „Dass ich dich habe, diese Stunde habe, das ist mein Glück“, sagt sie (S. 26). Es gibt freilich extreme Situationen, die ihre Kräfte übersteigen. Als sie Botho zufällig wiedersieht mit seiner Frau an der Seite, bricht sie zusammen (S. 86 f.), und ihr Haar verfärbt sich an einer Stelle für immer (S. 93).

Zukunftsahnung und Aberglaube

Ihre Hingabe an innere Gefühle führt sie sogar zu Zukunftsahnungen. Bei der Begegnung mit der fleißig putzenden Magd sagt sie zu Botho: „Ich fühle deutlich, dass es mir ein Zeichen ist und eine Fügung.“ (S. 64). So bleibt festzuhalten: „Sie war abergläubisch“ (S. 63). Doch sie versucht, ihren Aberglauben abzustreiten (S. 55), als sie Botho den Strauß mit ihrem Haar überreicht und Botho für „gebunden“ erklärt.

Stichelt gerne, herbes Wesen

Lene neckt gelegentlich ihre Mitmenschen, ist bereit zu „sticheln“ und findet Gefallen „an kleinen Spitzen“ (S. 53). Lene ist eben kein Engel, wie Frau Dörr sagt (S. 7). Ihr Wesen hat also etwas „beinahe Herbes“ (S. 52) – so, als ringe sie sich „jedes freundliche Wort nur so von der Seele“ (S. 26). Durch aufdringliche Worte („mir ist immer, als ob ich Furcht vor ihr haben müsste“, ebd.) veranlasst sie Botho, ihr seine Mutter zu beschreiben. Diese Herbheit kommt wohl auch von ihrer anstrengenden Berufsarbeit; jedenfalls verliert sie in der Natur bei ‚Hankels Ablage‘, fern vom Alltag, ihre rauen Züge und gewinnt eine „Gefühlsweichheit“ (S. 52).

Begabte und fleißige Kunststickerin, Sinn für das Praktische

Lene ist von Beruf Kunststickerin, wie man erst im zweiten Teil des Romans erfährt (S. 85). (Sie ist viel mehr als nur Plätterin, auch wenn sie im 3. Kapitel Wäsche plättet; S. 12.) Lene ist fleißig und ist eine Könnerin in ihrem Fach; ihr Arbeitgeber schätzt sie so sehr, dass er ihr Sonderaufträge – Stickmuster für „die Wäsche der Waldeckschen Prinzessin“ (S. 85) – anvertraut. Überhaupt ist sie für das Praktische begabt, denn sie kann eine Wohnung instand setzen (S. 92) und ein Boot „steuern und ein Segel stellen“ (S. 53). Vor allem aber ist sie so emanzipiert, dass sie den „Stolz“ hat, „von ihrer Hände Arbeit leben zu wollen“ (S. 110). Botho nennt sie einmal „eine kleine Demokratin“ (S. 26).

Botho,

mit vollem Namen: **Botho Freiherr von Rienäcker** (S. 82), der Leutnant, ist groß und schlank, hat blondes Haar und blaue Augen (S. 26) und fällt durch seinen Charme auf, seine „chevalereske Artigkeit“ (S. 107). Bei seinen Kameraden hat er den Spitznamen ‚Gaston‘ (S. 48, 65).

Sentimental, weich, herzensgut

Er ist, wie sein Freund Wedell sagt, „von einer seltenen Weichheit und Herzensgüte“ (S. 41), und er kommt sogar auf „sentimentale Gedanken“ (S. 26). Ihn bezaubert nicht nur Lene, sondern auch die Welt bei ihrer Mutter mit dem „Herdfeuer“ (S. 81) in der „Abgeschiedenheit und Stille“ (S. 109). Dabei ist er rücksichtsvoll und weiß, was die „Kavalierspflicht“ (S. 72) von ihm fordert. Er ist zuverlässig; der toten Frau Nimptsch bringt er den versprochenen Kranz aufs Grab (S. 117). Er sieht hinter die Fassaden und akzeptiert die Menschen aller Gesellschaftsschichten. Er, der Baron, sagt zu der einfachen Frau Nimptsch: „Jeder Stand hat seine Ehre“ (S. 18), und mit dem Handwerker Gideon Franke spricht er offen über seine Liebe zu Lene (S. 109). Ferner unterhält er sich freundlich und interessiert mit einem Gastwirt (S. 57 ff.) und mit einem Droschkenkutscher (S. 113) über ihre Berufsprobleme. Auch Tiere mag er: Dörrs Hund möchte er losbinden (S. 25), seinen Kanarienvogel streichelt er (S. 28), dem Droschkengaul wünscht er mehr Futter (S. 118).

Rücksichtsvoll, zuverlässig, ohne Standesdünkel

Unaufdringlich, bescheiden, aber auch schwach und bestimmbar

Botho ist ein unaufdringlicher und bescheidener Mensch, als „Durchschnittsmensch“ (S. 76) sieht er sich selbst.

Doch Botho ist auch „schwach und bestimmbar“ (S. 41), und vor allem anderen fühlt er sich seiner gesellschaftlichen Schicht, dem Adel, verbunden. Seine rücksichtsvolle Haltung findet da ihre Grenze, wo Auseinandersetzungen mit seinen Angehörigen und seinen vornehmen Lebenskreisen drohen. Die Zweisamkeit mit Lene auf der Landpartie unterbricht er sofort, als seine Kameraden mit ihren bezahlten Geliebten ihm über den Weg kommen. Er passt sich ihnen an („Botho sah, welche Parole heute galt“, und „rasch“ fand er sich hinein, S. 65), und er geht sogar so weit, dass er Lene zwei Stunden lang zu diesen Frauen abschiebt. Hier zeigt er im Kleinen, was er später im Großen tun wird: von Lene die Trennung vollziehen und sich den Konventionen und Abmachungen seiner Schicht und seiner Familie fügen. Insgesamt ist er konfliktscheu, wie es auch sein Rat für Rexin sichtbar macht (S. 125 f.). Zu seinem Verhaftetsein in dem Herkommen gehört auch, dass er den Luxus sucht. Er hat eine Wohnung mit einer „seine Mittel ziemlich erheblich übersteigende[n] Einrichtung“ (S. 28).

Beugt sich den Konventionen; konfliktscheu

Entscheidungen schiebt er gern hinaus. Seine Mutter muss ihn drängen: „Entscheide dich so oder so, nur handle überhaupt!“ (S. 75). Seine Freunde nennen ihn den Mann „mit der Maske“ (S. 48). Zweimal unternimmt er einen großen Ausritt, um zu klaren Gedanken zu kommen (S. 75 ff., 122 f.). Er führt immer wieder Selbstgespräche.

Botho steht zu seinen Entscheidungen

Botho ist aber nicht wankelmütig, wenn er einmal eine Entscheidung gefällt hat. Er weiß auch, was er seiner Ehefrau Käthe schuldig ist, und stellt sich auf ihre Rückkehr ein, indem er das Dienstpersonal, ganz gegen seine sonstige Art, streng ermahnt (S. 121). Vor allem aber beendet er sein Verhältnis mit Lene in ehrlicher Weise, und er trägt später (S. 110) im Gespräch mit

Gideon, ihrem Bräutigam, dazu bei, dass es Lene im Leben gut haben wird.

Zu Bothos Kreisen gehören Baron von Osten und Käthe von Sellenthin.

⇨ S. 47 ff.

Frau Dörr,

Gattin des Gärtnerei-Besitzers Dörr, ist um die 40 Jahre alt (S. 117), groß (S. 24) und robust (S. 5). Sie versucht, ihre Korpulenz unter einem Korsett (aus der damals üblichen „Walfischrippe", S. 135) zu verbergen.

Gütig, zuverlässig, fürsorglich

Frau Dörr wird zu Anfang als gütig und zuverlässig vorgestellt (S. 6). So bringt sie Lene fürsorglich ins Bett, als sie blass nach Hause kommt (S. 88), und sofort erscheint sie bei Frau Nimptsch, als sie von deren Erkrankung hört (S. 102). Vor allem aber freut sie sich mit Lene über das Liebesverhältnis mit Botho und gönnt ihr mehr Glück, als sie, Frau Dörr, früher mit ihrem Liebhaber, einem Grafen, gehabt habe. Sie sagt angesichts Bothos: „So was lass ich mir gefallen ... Nei, so war meiner nich." (S. 7) Sie ist einer der wenigen Trauergäste bei der Beerdigung von Frau Nimptsch (S. 117).

Ohne Selbstzweifel, nicht sehr intelligent

Sie ist von sich überzeugt und kennt keine Selbstzweifel. Daher und auch aufgrund ihrer mangelnden Intelligenz („Beschränktheit", S. 6) benimmt sie sich distanzlos bis zur Rücksichtslosigkeit: Sie erscheint bei Frau Nimptsch „mit Lärm und Trara, weil Leisesein, auch bei Kranken, nicht ihre Sache war" (S. 102). Der Todkranken gibt sie in einem eigenmächtigen Fehlentschluss eine Überdosis Fingerhut-Extrakt (S. 103).

Frau Dörr hat stark egoistische Züge. Sie freut sich, dass es ihr an der Seite Dörrs, der bereits 56 Jahre alt ist (S. 13) und schon eine Ehe hinter sich hat (S. 9), finanziell gut geht und dass er ihr das Anwesen vererben wird („verschrieben hat er mir alles", S. 13).

Der Geiz ihres Mannes ist ihr Anlass zum ständigen Schimpfen, und als Lene das Mietverhältnis bei ihm kündigt, ist sie auf Lenes Seite (S. 91). Doch letztlich ist sie nicht gegen „die Geizerei"; diese sei, sagt sie, „nich so schlimm un is immer noch besser als die Verbringerei" (S. 13).

Vor allem in ihrem Reden ist Frau Dörr ungeniert. Kein Gespür dafür hat sie, dass sie mit ihren Worten und ihren plötzlich angeschnittenen Themen verletzen könnte: „Lene wurde rot. Aber Frau Dörr sah es nicht" (S. 19). Vor allem ist dies der Fall bei dem Gang mit dem Liebespaar nach Wilmersdorf. Ihre unverblümten Worte passen freilich zu dem Unkraut, zu dem Schutt und den Fröschen am Weg (S. 44). Nachdem Frau Dörr Schlechtes über ihren Liebhaber von einst erzählt hat, sagt Lene zu Botho den bitteren Satz: „Wer weiß. Zuletzt ist einer wie der andere." (S. 46)

unverblümt

Doch Frau Dörr bringt die anderen nicht nur in „Verlegenheiten" (S. 44), sondern regt sie auch zum offenen Gespräch an. Sie erleichtert Lene und Botho die Kommunikation, wie sich in der Unterhaltung (S. 19 f.) über Bothos Knallbonbons zeigt.[4]

Frau Nimptsch

ist Lenes Pflegemutter; sie hat Lene „ja bloß angenommen" (S. 7). Mehr erfährt man diesbezüglich nicht. Lene nennt sie mal ihre „Mutter" (S. 15), mal „die alte Frau" (S. 55). Sie ist „Wasch- und Plättefrau" (S. 18), aber „mit Siebzig" (S. 101) zu alt und krank, um den Beruf noch auszuüben. („In Deutschland beträgt [die Lebenserwartung] zwischen 1871 und 1880 35,58 Jahre für

---

4 Frau Dörr „schafft die notwendige Pufferzone zwischen Bothos Welt und Lenes Welt; in der besonderen Atmosphäre, die Frau Dörr umgibt, entspannen sich die beiden Liebenden und kommunizieren dabei mit ihr und untereinander in sehr offener Weise". (Davidson, S. 157)

die Männer und 38,45 Jahre für die Frauen"[5]; dies ist statistisch gesehen auch der hohen Säuglingssterblichkeit und dem Stand der Medizin geschuldet.)

Frau Nimptsch akzeptiert die Menschen mit ihren Veranlagungen. „Die Menschen waren damals so wie heut", sagt sie (S. 50), und: „Ich glaube nich recht ans Lernen un Erziehen" (S. 101). Sie freut sich, dass Lene eine – wenn auch nur vorübergehende – Liebesbeziehung eingeht. „Kind, es schad't nichts", sagt sie aufmunternd zu Lene (S. 15). Später, als Gideon Franke Heiratsabsichten andeutet, hofft sie sehr, dass er Lene nimmt; sie ist diesbezüglich „in Angst und Unruhe" (S. 102). Manchen Aberglauben hat Lene von ihr übernommen („die alte Frau sagt es"; S. 55).

Nimmt die Menschen, wie sie sind

Sie ist weinerlich (sie hat „geweimert", S. 91). Sie ist so alt und gebrechlich, dass ihr das Leben nicht mehr viel bedeutet. „Man wünscht sich die Tage fort un das Leben auch", sagt sie (S. 47). Sie denkt ans Sterben und redet sogar „gern von Begräbnissen" (S. 48) und über „Kränze" für das Grab (S. 49). Für ihren Tod hat sie vorgesorgt, sie stirbt gefasst und wohl auch glücklich (S. 103 f.). In ihrem Sterben segnet sie Lene (S. 104).

Hat sich auf ihren Tod bereits vorbereitet

Fast immer sitzt sie am Herd und ist „versunken in ihre Betrachtungen und Träumereien" (S. 5). Sie liebt den „Herd" und sein „Feuer" (S. 91). So strahlt sie eine Stimmung von Beständigkeit aus. Dies empfinden gerade die jungen Leute, die ihr gegenüber Anhänglichkeit und Dankbarkeit zeigen: Botho sagt zu Frau Nimptsch: „Jeder Stand hat seine Ehre. Waschfrau auch" (S. 18), und er dankt ihr „für alles Liebe und Gute", das er an ihrem Herd

Wird wegen ihrer Ruhe und Beständigkeit gemocht

---

5 Hubert, Michel: *Deutschland im Wandel. Geschichte der deutschen Bevölkerung seit 1815*. Vierteljahrschrift für Sozial- und Wirtschaftsgeschichte – Beihefte Band 146. Stuttgart: Franz Steiner, 1998, S. 132. Wer die Sechzig erreicht hatte, galt als alt; „der „Anteil der über 70jährigen an der Gesamtbevölkerung betrug [um 1900] 2 %!" (Lehr, Ursula: *Der 3-Generationen-Vertrag gerät in Schieflage*, siehe http://www.dvgg.de/docs/stell005_3gen.pdf, Stand: Dez. 2010, Internetseite des Dachverbandes der Gerontologischen und Geriatrischen Gesellschaften Deutschlands)

erlebt hat (S. 81). Er, der Adlige, macht sich auf den Weg zu ihrem Grab und legt einen Kranz nieder (S. 112–117). Lene will ihr einen Grabstein setzen, „wie sie jetzt Mode sind" (S. 117). Vorher, bei ihrem Umzug, hat Lene Frau Nimptsch natürlich mitgenommen, und sie hat ihr in der neuen Wohnung wiederum einen Herd einbauen lassen (S. 92).

Gideon Franke

Gebildet, ordentlich, weiß sich zu benehmen

ist über 50 Jahre alt (S. 136). Er stammt aus Bremen; von Beruf ist er „Klempner oder Schlosser oder Maschinenarbeiter" und hat bei seinem Aufenthalt in Amerika noch weitere Berufe ausgeübt (S. 94). Franke ist Meister in einer Gasröhrenfabrik und Chef über hundert Arbeiter (S. 95). Er ist „ein ordentlicher und gebildeter Mann" und von „sehr anständigen Manieren" (S. 93).

Fromm, altmodisch, aber tolerant und lebenserfahren

Gideon ist ein Sonderling. Er ist fromm und Gründer einer Sekte (S. 94). Von seiner Sekte her neigt er zu einem „predigerhafte[n]" Ton (S. 110), und als Bräutigam bei seiner Hochzeit mit Lene wirkt er altmodisch (S. 135). Vermutlich hat er eine enge Weltanschauung. Doch er ist kein Fundamentalist. Im Gegenteil: er ist tolerant („es gibt viele Wege, die zu Glück führen", sagt er; S. 111) und zehrt von seiner reichen Lebenserfahrung. „Ich war lange drüben in den States", erklärt er Botho (ebd.). An seinem Wunsch, Lene zu heiraten, hält er fest, auch nachdem er von ihren früheren intimen Verhältnissen weiß. Über sittliche Verfehlungen sieht er rasch hinweg; er legt den höheren Wert auf das „siebente" Gebot (S. 110), die Ehrlichkeit. „Wort und Verlass muss sein", erklärt er (S. 111). Er ist also in seiner Lebenspraxis emanzipiert. Ein Interpret stellt fest: Gideons Standpunkt ist eine „radikale Herausforderung an die Normen der ‚guten Gesellschaft'"[6].

---

6 Malcolm, S. 52

Überhaupt ist sein Besuch bei dem Baron Botho, dem ehemaligen Liebhaber seiner Braut, ein Zeichen für seine Wahrhaftigkeit und zugleich ein Ausdruck dafür, dass er sich in anderen gesellschaftlichen Schichten zu bewegen weiß. Seine handwerklichen Qualifikationen stellt er in den Dienst des aufstrebenden Berlins und seiner Menschen, ist er doch einer, der „von Schulen, Gasanstalten und Kanalisation [...] zu sprechen wusste" (S. 93 f.). Gideon Franke, auf den ersten Blick nur ein Sonderling, ist die modernste Gestalt in diesem Roman.

Käthe von Sellenthin,

später verheiratete von Rienäcker, stammt aus dem Landadel jenseits der Oder – ebenso wie Botho, ihr Cousin, der sie im 16. Kapitel (S. 82) heiratet. Sie ist zu Anfang knapp 22 Jahre alt (S. 75), hellblond („Flachsblondine", S. 36) und von kleiner Gestalt („die reizende kleine Frau", S. 100). Sie kann „schelmisch und kokett" sein (S. 129). Sie ist voller Lebensfreude und gewinnt allen Dingen „die heitre Seite ab" (S. 83). Sie beobachtet gern, ‚komisch' ist ihr Lieblingswort (S. 83). In Dresden, der Stadt der Kunstschätze, sind ihr die Konditorei-Besuche das Liebste (S. 83), wie sie auch das „Shopping" in der Großstadt Berlin mag (S. 96). Botho, der sich nach der Hochzeit „zu dem Besitze seiner jungen Frau beglückwünschte" (S. 83), meint später, dass „mit Käthe wohl ein leidlich vernünftiges, aber durchaus kein ernstes Wort zu reden war" (S. 89). Doch dieses Urteil Bothos ist zu hart.

Heiter bis zur Albernheit, schelmisch und kokett

Käthe lehnt Zwang ab; sie reagiert scharf abweisend, als ihre Mutter sie auf fehlenden Nachwuchs anspricht („ziemlich ketzerisch" antwortet sie brieflich; S. 89). Einer Kur stimmt sie schließlich zu (S. 95).

Offen für neue Erfahrungen

Käthe ist offen für neue Erfahrungen. Während der Reise in die Kur freundet sie sich mit einer Bankiersfrau an (S. 104), beobachtet deren dreiste Tochter und kommt zu der selbstkritischen Einsicht: „Unsere Wünsche bedürfen doch beständig einer strengen und gewissenhaften Kontrolle“ (S. 106). Sie erlebt im Gespräch mit Mr. Armstrong, einer Kurbekanntschaft, dass man auch im Plaudern ernsthafte Dinge, kluge Anspielungen und gefährliche Verführungsabsichten äußern kann (S. 130–132). Käthe berichtet Botho sogar den Spott Armstrongs über das Militär (S. 131). Ob sich Käthe nach diesen Erfahrungen ändern wird, ist fraglich; eines ihrer letzten Worte, das auch eines der letzten Worte des Romans ist, ist ‚komisch‘ (S. 136).

Kurt Anton von Osten,

Bothos Onkel, wohnt in der Neumark auf seinen Gütern und kommt nur besuchsweise nach Berlin.

Konservativ, cholerisch, von sich selbst überzeugt

Er ist von sich selbst überzeugt und cholerisch (er wird einmal „rot“ vor Ärger, S. 34), und vor allem ist er, wie er selbst sagt, „ein richtiger Konservativer“ (S. 29). Er ist voller Hohn über Bismarck, weil er Politik am Schreibtisch mache (Bismarck „hat eigentlich nichts gelernt als Depeschen schreiben“, S. 34). Von Ostens Ideal ist die Politik auf dem Schlachtfeld. Entsprechend beschimpft er Berlin mit seinen Schreibtischbeamten als ein „stickiges Nest“ (S. 29).

Autoritär und rückständig

Sein Konservatismus ist nicht nur politisch, sondern betrifft auch seine Lebensformen. Er findet es richtig, dass die Eltern für ihre Kinder die Ehepartner aussuchen. So ist er selbst in seiner adeligen Gesellschaftsschicht rückständig; er gehört zu den erzkonservativen Alten des Landadels. Dieser Militär benimmt sich auch im Privatleben autoritär: In einem Atemzug sagt er: „Hab ich Recht? Natürlich. Abgemacht.“ (S. 37).

Dabei kann er freundlich und „gentil“ (S. 74) sein, aber nur, solange die Dinge in seinem Sinne laufen. Bothos Mutter, seiner Schwester, verweigert er finanzielle Hilfe (ebd.); er will, dass Botho die reiche Käthe heiratet und so Bothos Geldsorgen verschwinden. Er ist selbst finanziell bedrängt, wie der Grundstück-Streit mit seinem Pastor zeigt (S. 36).

3.5 Sachliche und sprachliche Erläuterungen

1. Kapitel:

S. 7	**bei Büchseln**	Karl von Büchsel (1803–1889), bekannter Theologe, damals Pastor an der Matthäikirche in Berlin
	Rock un Hose ganz egal	Rock (d. h. Jacke) und Hose gleichartig, gut zusammenpassend

2. Kapitel:

S. 9	**was Borsdorf-riges**	Borsdorfer ist eine Apfelsorte mit Flecken
	Signalement	(franz.) Personenbeschreibung, Steckbrief

3. Kapitel

S. 15	**nach'm Katechis-mus**	nach dem *Katechismus* (griech.: Unterweisung), dem Lehrbuch Martin Luthers, in dem er auch die Zehn Gebote behandelt und sie um strenge moralische Lebensregeln erweitert

4. Kapitel:

S. 18	**Dichter, Gedicht**	Adelbert von Chamisso (1781–1838) schrieb die Ballade *Die Waschfrau*
	simperte	simpern: brabbeln, unklar reden
S. 21	**Stadtbahn**	heute meist S-Bahn genannt, Baubeginn 1875 (zur Handlungszeit des Romans), erstes Teilstück eröffnet 1882 (als Fontane den Roman begann)

5. Kapitel:

S. 26	**hatte eine rasche Hand**	war schnell bereit zu Schlägen und Prügel
S. 27	**Lästerallee**	Spottwort für eine Allee im Bereich Tiergarten/Zoo, in der vornehme Leute spazieren gehen und betrachtet und beneidet (und heimlich verspottet) werden

6. Kapitel:

S. 28	**Andreas Achenbach**	realistischer Landschaftsmaler (1815–1890)
	Schnack	(norddeutsch) ungezwungenes Reden
S. 29	**Hiller**	berühmtes Restaurant in der Straße ‚Unter den Linden'
	Billet	(franz.) kleiner (Liebes-)Brief
	Korso	festlicher Umzug; hier: Straße mit festlich gekleideten Spaziergängern und Reitern
S. 30	**Crayon**	(franz.) Bleistift

7. Kapitel:

S. 31	**Rendezvous**	Verabredung, Termin (der französische Ausdruck meint nicht speziell die Verabredung von Verliebten)
	Oswald	Oswald Achenbach, Maler, jüngerer Bruder Andreas Achenbachs
S. 32	**Bentsch, Rentsch, Stentsch – lauter Reimwörter auf Mensch**	in seinem Gedicht *Veränderungen in der Mark* (1896) reimt Fontane ‚Bentschen' auf ‚Menschen' (Bentschen ist der korrekte Name des Ortes)
	Tischdefilee	Défilé (franz.): Aufreihung
S. 33	**Pallasch**	der Degen der Kürassiere, zu denen Botho gehört

S. 34	**Manteuffel**	Generalfeldmarschall Karl von Manteuffel (1809–1885), er bildete die preußische Armee um
	Kongestion	(franz.) Blutandrang, roter Kopf
	gewisser Kürassieroffizier, Halberstädter	gemeint ist Bismarck
	nichts gelernt als Depeschen schreiben	Bismarcks Emser Depesche führte 1870 zum Krieg mit Frankreich
	Fehrbellin, Leuthen	Orte siegreicher Schlachten der preußischen Geschichte
	verbietet sogar die Kreuzzeitung	Bismarck ließ mehrfach die hochkonservative ‚Kreuz-Zeitung' (eigentlich: ‚Neue Preußische Zeitung') beschlagnahmen
	Sottisen	(franz.) Albernheiten
S. 35	**Hochverrats-prozess**	Bismarcks Vorgehen gegen Harry von Arnim, Diplomat und politischer Gegner Bismarcks

8. Kapitel:

S. 38	**Error in calculo (lat.)**	Rechenfehler
S. 40	**unserem lieben Herrgott**	gemeint ist Bismarck, seine Frau war eine geborene von Puttkamer
	recte	(lat.) richtig, um das Richtige zu sagen
	Tant mieux	(franz.) umso besser
S. 41	**Weißzeugdame**	Weißzeug: Wäsche und ähnliche weiße Stoffe; Anspielung auf Lene, die im 16. Kapitel (S. 85) als Stickerin auftritt

9. Kapitel:

S. 45	**Sandhase**	Wurf ohne Treffer

10. Kapitel:

S. 47	**Küchenschapp**	Schapp: Schrank mit Doppeltür
S. 48	**eingesegnet**	konfirmiert; damals im Alter von 16 Jahren
	‚Der Mann mit der eisernen Maske'	Schauspiel über einen französischen Staatsgefangenen im 17. Jahrhundert, der immer eine Maske tragen musste
S. 49	**Immortelle**	italienische Strohblume

11. Kapitel:

S. 52	**Spree**	genauer: die Dahme, auch Wendische Spree genannt; Nebenfluss der Spree

12. Kapitel:

S. 58	**Schnepfe**	Vogelart, auch (‚Schneppe' ausgesprochen) Bezeichnung für Prostituierte
	Bekassine	Vogelart, im Franz. (bécassine) auch als Spott für Mädchen (‚dumme Gans')
	Okuli, da kommen sie	Redewendung der Jäger über das Eintreffen der Schnepfen; Okuli ist der vierte Sonntag vor Ostern
S. 61	**‚Washington crossing the Delaware'**	Szene aus dem amerikanischen Unabhängigkeitskrieg
	‚Si jeunesse savait'	(franz.) Wenn die Jugend wüsste

13. Kapitel:

S. 65	**les beaux esprits se rencontrent**	(franz.) wörtl.: die Schöngeister treffen sich; Sprichwort, das man benutzt, wenn mehrere auf denselben Gedanken kommen
	Königin Isabeau, Johanna, Margot	Personen aus Schillers Drama *Die Jungfrau von Orleans*

	Agnes Sorel	ebenfalls aus diesem Drama, die Geliebte des Königs
	Thibaut d'Arc	in diesem Drama Johannas und Margots Vater
	arrondiert	gerundet; höflich für: dick
S. 66	**Ich proponiere**	Ich schlage vor
	Pätscheln	Rudern
	Uklei	oder Ukelei: Fischart
	Jeu	(franz.) Wettspiel
	Reunion	(franz.) erneutes Zusammenkommen
S. 67	**Drei-Damen-Kortege**	Kortege: (franz.) Umzug
S. 68	**Moët**	französische Sektmarke
	Waldlisiere	lisière: (franz.) Rand, Saum
S. 70	**Dest'lation**	Destillation; hier: Kneipe
S. 70 f.	**schlanke Figur […] keine Türken**	nach orientalischer Tradition gilt Dicksein als schön

14. Kapitel:

S. 73	**Die Türken sind die klügsten Leute**	gemeint sind die Moslems; nach ihrem Glauben ist das Schicksal vorherbestimmt, so dass es für sie sinnlos ist, sich dagegen zu wehren
S. 74	**Gentilezza**	(ital.) Liebenswürdigkeit
	(du) perhorreszierst	perhorreszieren: verabscheuen
S. 77	**Donquichotterie**	Torheit, Weltfremdheit
	savoir-faire	(franz.) wörtl.: zu tun wissen; Gewandtheit, Lebensklugheit
	Ludwig v. Hinckeldey	Polizeipräsident Berlins, 1856 im Duell erschossen

16. Kapitel:

S. 82	**Kreuzzeitung**	siehe Erläuterung zu S. 34
S. 85	**Goldstein**	häufiger jüdischer Name; jüdische Unternehmer waren führend in der Textilindustrie
S. 87	**Grabscheit**	Art Spaten
S. 88	**heiße Stürze**	Stürze: Topfdeckel; erhitzt als Wärmflasche verwendet
	Altration	franz. altération: Aufregung

17. Kapitel:

S. 88	**Dritthalb**	Zweieinhalb (‚das dritte nur halb')
S. 90	**tausend und drei**	In Mozarts Oper *Don Giovanni* hat der Held in Spanien angeblich 1003 Liebesaffären (laut Leporellos Arie, I, 5).
S. 91	**geweimert**	weimern: wimmern, jammern
S. 94	**eine Patience legen**	Art Kartenspiel
	Konventikler	Mitglied einer Sekte
	die so viele Frauen haben	in der Sekte der Mormonen war bis 1895 die Ehe mit mehreren Frauen erlaubt

18. Kapitel:

S. 96	**Reiseeffekten**	Gegenstände für die Reise, Kofferinhalt
	Mars-la-Tour	Ort einer Schlacht im Deutsch-Französischen Krieg
S. 99	**Tort**	(franz.) Verunglimpfung; mir zum Tort: um mich zu ärgern

19. Kapitel:

S. 101	**das Konventikelsche**	das (Hinneigen zum) Sektenwesen
S. 103	**Fingerhut**	Digitalis (eine Heilpflanze, Herzmittel), hier als Extrakt in Tropfen

20. Kapitel:

S. 105	**aus welfischem Antagonismus**	aus der welfischen Gegnerschaft (Preußen gegenüber) heraus; um die Preußen zu ärgern (die Welfen waren die Herrscher in Hannover)
	Scanzoni	Friedrich Wilhelm S. (1821–1891): berühmter Frauenarzt in Würzburg
	comme il faut	(franz.) wie es sich gehört
S. 106	**Oppenheim**	Bankier in Köln
S. 107	**Vatermörder**	steifer hoher Hemdkragen
S. 110	**das sechste**	das 6. Gebot (2. Buch Mose): „Du sollst nicht ehebrechen"; oft (z. B. in Luthers *Katechismus*) auch so verstanden, dass voreheliche Sexualkontakte verboten sind. 7. Gebot: „Du sollst nicht stehlen." 8. Gebot: „Du sollst kein falsch Zeugnis reden wider deinen Nächsten."

21. Kapitel:

S. 114	**ridikül**	(franz.) lächerlich
	Parzenhaftes	Parze: eine römische Schicksalsgöttin
	Ausstellungen	Einwände, kritische Bemerkungen

22. Kapitel:

S. 117	**kleine Leiche**	Leichenbegängnis mit wenigen Trauergästen

23. Kapitel:

S. 125	**ohne Sanktion**	ohne Amtshandlung; hier: ohne Eheschließung

25. Kapitel:

S. 130	**Insolent**	dreist
	Jahrestag von Königgrätz	der Sieg Preußens über die Österreicher war am 3. Juli 1866
S. 131	**Welfe**	siehe Erläuterung zu S. 105

26. Kapitel:

S. 134	**Suffisance**	(franz.) Eingebildetsein, Selbstzufriedenheit
	Pompadour	Madame de P.: Geliebte Ludwigs XIV.; auch Bezeichnung für Strickbeutel
S. 135	**Reticule**	(franz.) Damentäschchen; statt Reticule sagte man auch Ridicule, was eigentlich ‚lächerlich' heißt
S. 136	**kein Kranz nich**	den Kranz, auch Jungfernkranz genannt, durfte die Braut nach damaliger Sitte nur tragen, wenn sie noch keine Sexualkontakte gehabt hatte

3.6 Stil und Sprache

ZUSAMMEN-FASSUNG

Wir zeigen, dass Fontane mit seiner klaren Sprache leicht zu lesen ist.
Dabei ist sein Erzählen dynamisch. Zu dieser Dynamik gehören

- → die Vorausdeutungen,
- → das Spiel mit Wörtern und Namen,
- → die Motivverdoppelungen.

Wir behandeln

- → die literaturwissenschaftlichen Begriffe Diskurs und Intertextualität,
- → die intertextuellen Einflüsse auf *Irrungen, Wirrungen*.

Wir besprechen die verschiedenen Erzählperspektiven. Sie wechseln im Roman.

Fontane – leicht zu lesen

Fontane schreibt in **klarer Sprache**, auch dann, wenn seine Sätze lang sind. Auf einen langen Satz folgt oft ein kurzer Satz, so dass der Leser nicht überanstrengt wird. Hierzu **zwei Beispiele**:

> „Und er schnitt das Kuvert, auf dem er auch Onkel Ostens Handschrift erkannt hatte, mit einem auf dem Fensterbrett liegenden Messerchen auf und nahm den Brief heraus. Der aber lautete: [...]" (S. 29)
> Oder: „Es fiel ihm auf und wär ihm doch leicht erklärlich gewesen, wenn er rechtzeitig in Erfahrung gebracht hätte, dass Frau Nimptsch und Lene gar nicht mehr an alter Stelle zu finden seien. Und doch war es so." (S. 91)

Auch überlange Satzgefüge sind **klar angelegt**. Die Bestandteile folgen sinnvoll aufeinander, wie es beim logischen Denken geschieht. Achten wir auf dieses Satzgefüge:

> „Dieser [der Wirt] war nicht zugegen, weshalb die junge Frau versprach, ihn aus dem Garten abrufen zu wollen, Isabeau aber litt es nicht, ‚sie werde selber gehn', und ging auch wirklich, immer gefolgt von ihrem Drei-Damen-Kortege (Balafré sprach von Glucke mit Küken), nach dem Garten hinaus, wo sie den Wirt bei der Anlage neuer Spargelbeete traf." (S. 67)

Parataxen und Hypotaxen

Fontane arbeitet hier mit Parataxen und Hypotaxen. Eine Parataxe ist eine einfache Hintereinanderreihung von Sätzen: „Isabeau aber litt es nicht", „und ging auch wirklich", „Balafré sprach". Hypotaxe sagt man, wenn ein Satz einem anderen untergeordnet wird: „weshalb die junge Frau versprach", „wo sie den Wirt [...] traf". Diese unterschiedlichen Konstruktionen machen das Erzählen übersichtlich und lebendig.

Das eben zitierte Satzgefüge ist typisch für Fontanes Erzählen. Wir erkennen darin:

- → Fontanes Sätze sind inhaltsreich mit wenigen Worten.
- → Fontane liebt Fremdwörter, die sich aber im Zusammenhang leicht verstehen; ein „Drei-Damen-Kortege" ist ein feierlicher und schon ironischer Ausdruck für das Miteinandergehen von drei Frauen.
- → Fontane lässt gern seine Personen reden, wie die Einfügungen „sie werde selber gehn" und „Balafré sprach" zeigen.
- → Personenreden sind in lässigem Stil und wirken daher echt; hier schreibt Fontane „gehn" statt gehen, woanders schreibt er oft „un" statt ‚und' und lässt Frau Dörr Berliner Ausdrücke gebrauchen.

Meisterhafte Dialogführung

Zu den Personenreden noch diese Bemerkung: Fontane ist ein Meister in Personenreden und in der Entfaltung von Konversationen. Er bringt es beispielsweise fertig, dass der gebildete Botho und die beschränkte Frau Dörr einen scherzhaften und doch niveauvollen Dialog führen (S. 20 f.).

Übersichtlichkeit durch einfache Kapiteleröffnungen

Wir haben Fontanes Übersichtlichkeit erwähnt. Der Übersichtlichkeit dient auch, dass *Irrungen, Wirrungen* in 26 Kapitel eingeteilt ist. Jedes Kapitel eröffnet in meist einfachen und nüchternen Worten eine neue Handlung. Gegenüber dem Vorhergehenden wird ein Schnitt vollzogen. „Beide waren früh auf", so beginnt das 13. Kapitel, und das 20. Kapitel setzt so ein: „Käthes erster Reisebrief war in Köln auf die Post gegeben".

➪ S. 30

Der Roman ist scharf in zwei Teile geteilt. Wir haben dies auf S. 30 in einer Grafik dargestellt. In den Kapiteln 1 bis 15 sind Lene und Botho zusammen, in den Kapiteln 16 bis 26 sind sie getrennt. Entsprechend ist die Erzählweise in den beiden Teilen verschieden. Im ersten Teil wird Lenes und Bothos Schicksal zusammen gesehen. Jedes Kapitel hat im Wesentlichen nur einen Schauplatz. Typisch hierfür ist das 1. Kapitel, das in der Gärtnerei spielt. Es findet ein gleichmäßiger Erzählfluss statt, der einen Schluss hat – die Abschiedsszene (S. 82) –, der im Einklang mit dem Geschehen ist.

Getrennte Schicksale im zweiten Teil

Im zweiten Teil, ab dem 16. Kapitel, haben Lene und Botho jeweils ihr eigenes, vom anderen getrenntes Schicksal. Jedes Kapitel hat mehrere Schauplätze, oft sogar mit Zeitsprüngen. Typisch ist das 26. Kapitel: Dort geht es hin und her zwischen Bothos Wohnung und der Szene bei Lenes Trauung. Wir erleben ein gebrochenes Erzählen. Der Schluss ist jäh, er wird nicht vom Geschehen gesteuert, sondern vom Erzähler bestimmt: mitten in einer Frühstücksszene (S. 136).

So entfaltet sich durch die Zweiteilung des Romans eine besondere Dynamik. Doch noch in einem weiteren Sinne ist der Roman dynamisch. Es ist nicht so, dass wir Leser einfach von Kapitel zu Kapitel geführt werden. Vielmehr sind die einzelnen Kapitel quer durch den Roman verknüpft. Dieses Verknüpftsein wird **epischer Zusammenhang** oder **epische Integration** genannt. Sie rührt von drei erzählerischen Mitteln her: den **Vorausdeutungen**, dem **Spiel mit Wörtern und Wortbedeutungen** und den **Motivwiederholungen.**

Dynamik durch Zweiteilung des Romans und Verknüpfung der Kapitel

Dynamik des Erzählens: Vorausdeutungen

Die Tatsache, dass sich die beiden Verliebten eines Tages trennen, wird schon lange vor diesem Ereignis im Roman sichtbar. Ein ganzes System von Vorausdeutungen bewegt sich darauf zu. Schon im 1. Kapitel sagt Frau Dörr, dass sie früher einen adeligen Freund hatte („mein Graf", S. 7) und dass man keinesfalls die Zukunft auf solche Beziehungen bauen dürfe: „Immer wenn das Einbilden anfängt, fängt auch das Schlimme an." (S. 6) Diese Gefahr des Einbildens steht fortan im Raum: durch weitere Warnungen Frau Dörrs (Lene sei „so'n gutes Kind, das alles ernsthaft nimmt", S. 7) und durch Lenes Abwehr („Einbilden! Ich bilde mir gar nichts ein", S. 16). So werden wir auf die Trennung, die im 15. Kapitel stattfindet, lange vorbereitet. Auch der seelische Schmerz, den der Abschied bewirken wird, ist schon früher ein Thema. Denn Frau Nimptsch vermutet, dass Lene doch schwach ist („sie denkt so was, wenn sie's auch nicht wahrhaben will", S. 6). Lene erschrickt bei den Warnungen der Offiziersgeliebten Isabeau („Jott, Kind, Sie verfärben sich ja [...]", S. 70). Hier wird auf Lenes Zusammenbruch im 16. Kapitel vorausverwiesen. Im 8. Kapitel, nachdem der Onkel die Trennung der Liebenden sozusagen befohlen hat, wird Bothos Schmerz vorhergesagt: „Es tut weh, und ein Stückchen Leben bleibt dran hängen", sagt sein Kamerad Pitt (S. 41).

Trennung wird lange vorbereitet

Sogar die Frage nach Lenes Verantwortung ist Teil dieser Vorausdeutungstechnik. Der fromme und kluge Gideon erklärt im 20. Kapitel, Lene sei durch ihr voreheliches intimes Verhältnis sündig geworden. Doch diese Sünde ist für Gideon unerheblich gegenüber der Tatsache, dass Lene ehrlich („Ehrlichkeit", „Wahrheit", S. 111) geblieben sei. Damit lösen Gideons Worte ganz präzise das ein, was Frau Dörr im 3. Kapitel Lene für das Leben geraten hat: Es gehe nicht immer „nach'm Katechismus" (S. 15), „man bloß, dass man ehrlich is un anständig und Wort hält" (S. 15 f.). Lene selbst sagt zu Botho im Augenblick des Abschieds: „Alles war mein freier Entschluss" (S. 81), und weist damit in zwei Richtungen, zurück zu Frau Dörr und ihrem Rat und voraus zu Gideon und seinem Freispruch für Lene.

Vorausdeutungen des Erzählers

Neben den Vorausdeutungen, die durch den Mund der Personen geschehen, gibt es Vorausdeutungen, die der Erzähler ausspricht. So endet das 11. Kapitel, der Nachmittag in ‚Hankels Ablage', mit dem Satz: „Jeder aber hing seinem Glück und der Frage nach, wie lange das Glück noch dauern werde." Auch das 9. Kapitel, der Spaziergang nach Wilmersdorf zwischen Müll und Unkraut, lässt Unglück ahnen. Oft erlebt Lene die Natur als eine defekte Natur: Sie erhält „Bruchspargel" (S. 12), sie geht über eine Wiese, die „bloß so tut, als ob es Wiese wäre" (S. 43), und sie blickt auf „falsches Vergissmeinnicht. Hörst du, falsches" (S. 54). Das alles sind Symbole und „warnende Zeichen"[7]. Symbolisch kündigt sich an, dass Lenes Liebesverhältnis mit Botho keinen natürlichen Gang gehen wird.

Märchenhaftigkeit

Es gibt Stellen, die an Märchen denken lassen. Es herrscht in Lenes Garten-Welt eine „halb märchenhafte Stille" (S. 5), ein Geschenk wie „ein goldener Pantoffel [...] oder sonst was aus dem

---

7 Grawe in: Grawe/Nürnberger, S. 579

Märchen“ (S. 19) wird genannt, und für Lene wird das Wort „Prinzessin“ benutzt (S. 7). Märchenartig ist auch, dass wir von Lenes Pflegemutter hören, niemals aber von Lenes wirklicher Herkunft. Diese Märchenhaftigkeit zeigt später ihre Schattenseiten und verwandelt sich in eine elende Primitivität. Denn es gibt da, nach Frau Dörr, „kein Gas nich un keine Wasserleitung“ (S. 91), und Lene zieht in eine neue Wohnung. Doch zunächst ist die märchenhafte Stille eine Vorausdeutung auf Bothos spontane Gefühle in Lenes Welt (5. Kapitel): Sie ist für ihn so schön wie ein Märchen, aber auch so fremd wie ein Märchen. Und wie jedes Märchen zu Ende geht, wird Botho diese Welt eines Tages verlassen.

Dynamik des Erzählens: Das Spiel mit Wörtern und Namen

An einem einzelnen Wort und seinen schillernden Bedeutungen stellt Fontane ganze Entwicklungslinien dar. So sorgt er für eine enge **raffinierte Verflechtung des Romanganzen**. Hier drei **Beispiele**:

Das Wort ‚arm':

5. Kap.: „Arme Lene“ (S. 26).	6. Kap.: „Arme Lene“ (S. 30).	14. Kap.: „Arme Lene“ (S. 73).	22. Kap.: „Arme Bildung“ (S. 120).	23. Kap.: „Armer Kanzelheld ich!“ (S. 121)
Botho sagt dies scherzhaft, weil Lene das Aussehen seiner Mutter falsch errät.	Botho wird ernst. Er sagt im Selbstgespräch weiter: „Es wär uns beiden besser gewesen, der Ostermontag wäre diesmal ausgefallen.“	Botho sagt dies angesichts des Briefes seiner Mutter. Er hat „nicht die Kraft“ (S. 76), sich zu widersetzen, er wird Lene verlassen.	Botho kritisiert seine eigene Bildung, die hinter Lenes Lebensklugheit zurückbleibt.	Botho blickt kritisch auf sich.

Das Wort ‚arm' benutzt Botho zuerst für Lene, schließlich aber bezieht er es auf sich selbst und seine Lebensweise. Im Gespräch mit Gideon (20. Kap.) spricht er natürlich nicht mehr von einer ‚armen' Lene. Botho wird im Laufe der Zeit klüger und erkennt Lenes Überlegenheit.

Das Wort ‚Kranz':

9. Kap.: Frau Dörr: „Jott, das macht immer so viel Spaß, wenn man den einen Stängel in den andern piekt, bis der Kranz fertig ist" (S. 44).	10. Kap.: Frau Nimptsch spricht „so viel von Grab und Kranz" und wünscht sich einen Immortellenkranz auf das Grab (S. 49).	22. Kap.: Szene an Frau Nimptschs Grab, wo „Botho seinen Immortellenkranz an den schon vorher von Lene gebrachten anhing" (S. 117).	26. Kap.: „Un kein Kranz nich?", munkeln die Leute, als Lene heiratet (S. 136).

Die erste und die letzte Erwähnung des Kranzes haben sexuelle Bezüge: am Anfang durch das ‚Pieksen', am Ende durch den indirekten Hinweis auf die fehlende Jungfräulichkeit. Bei den Erwähnungen dazwischen geht es um das Sterben und um die Ewigkeit. Botho möchte, so scheint es, für immer Frau Nimptschs Sohn sein. An Kränze erinnern auch Lenes Ausruf beim Straußbinden: „Nun bist du gebunden" (S. 55) und Bothos Äußerung gegen Ende: „Alles Asche. Und **doch** gebunden" (S. 120). Das Kranzbinden und das Wort vom Gebundensein weisen symbolisch auf das Wichtigste des Menschseins hin, auf die Liebe, die Sexualität und die Vergänglichkeit.

Liebe, Sexualität und Vergänglichkeit

Farben Gelb und Weiß

Immer wenn von Kranz und Blumenbinden die Rede ist, erscheint direkt oder indirekt die Farbe Gelb („Butterblume", S. 44, „gelbe" Immortellen, S. 55, 114), zu der am Schluss noch das Weiß tritt („mit den weißen Rosen“, S. 114). Helligkeit und Lebenswärme bilden sich damit ab, Lebensbereiche, die Botho gern aufsucht. Fontanes Symbolik lebt aus schlichten Wörtern des Alltags.

Namen und Namensgebungen:

7. Kap.: Dialog zwischen Botho und Wedell: „Baron Osten." / „Der Wietzendorfer?" / „Eben der." / „Oh, den kenn ich, das heißt dem Namen nach." (S. 32)	12. Kap.: Botho: „Nur eins lässt sich gegen Hankels Ablage sagen: der Name." (S. 57) Der Wirt erklärt dann den seltsamen Namen.	13. Kap.: Balafré zu Botho: „‚Gestatten Sie […], Ihnen unsere Damen vorstellen zu dürfen: Königin Isabeau, Fräulein Johanna, Fräulein Margot.' Botho sah, welche Parole heute galt […]." (S. 65)	20. Kap.: „Botho wiederholte: ‚Franke … Gideon Franke … Nie gehört. Kenn ich nicht.'" (S. 107)	26. Kap.: Botho zu Käthe: „Gideon ist besser als Botho." (S. 136, der letzte Satz des Romans)

Der Name wirkt in Bothos Kreisen „als eine Art konventionelles Orientierungszeichen“[8]. Der Name gibt Auskunft über die Person; kennt man den Namen nicht, ist man misstrauisch gegenüber der Person.

Das Auftreten Gideons, des Mannes mit dem unbekannten Namen, verblüfft daher Botho. Doch am Ende verehrt Botho diesen Mann. Bothos Äußerung „Gideon ist besser als Botho“ ist ein Ausdruck umfassender Hochachtung, auch wenn Käthe denkt, Botho meine allein den Namen. Zugleich unternimmt Botho hier eine Selbstverurteilung. Im Schluss-Satz des Romans wird also durch Namensnennung sehr viel angedeutet.

---

8 Schmidt-Brümmer, S. 169

Spitznamen als Orientierungszeichen

Erst recht ist der Spitzname ein Orientierungszeichen. Neben den gängigen Spitznamen gibt es heimliche. Als der Wirt des Gasthofs gewisse Vogelnamen nennt, zuckt Botho zusammen und sagt: „Was tut schließlich der Name? Enten, Schnepfen, Bekassinen." (S. 58) Denn, wie Botho weiß, sind dies auch Spottwörter für Mädchen, und im Falle ‚Schnepfe' für eine Prostituierte. Tatsächlich tauchen bald die drei Offiziersgeliebten auf.

Fontane arbeitet sorgfältig bei der Namensgebung für seine Figuren. Echte Namen, Spitznamen und die Freude an seltsamen Namen – auch all dies macht den Roman zum sprachlichen Kunstwerk.

Die Namen sind gelegentlich symbolisch:

Magdalene: ein biblischer Name

- → Lene: Lene heißt ausführlich **Magdalene** (S. 82, S. 136). Der Name ist **biblisch**. Maria Magdalena ist eine der wenigen Frauen des Neuen Testaments, die selbstständig, nicht von einem Manne abhängig, sind (Johannes-Evangelium 20, 1–18). In der kirchlichen Tradition wird sie gleichgesetzt mit der „Sünderin" oder Prostituierten, die im Lukas-Evangelium (7, 36–49) erscheint. Der Name ‚Lene' ist also **doppelsinnig**. Er deutet an: Diese Frau ist selbstbewusst, und sie ist in der Gefahr, öffentlich moralisch verurteilt zu werden.
- → Gideon: **Gideon** ist ein frommer militärischer Held im Buch *Richter* des **Alten Testaments** (Richter 6–8).
- → Nimptsch: ‚Nimptsch' heißt eigentlich ‚deutsch' (polnisch Niemiec: ‚der/die Deutsche'). Da der Name ‚Franke' auf die Franken – also auch auf die Deutschen – anspielt, haben Lene **Nimptsch** und Gideon **Franke** ganz ähnliche Nachnamen, die sie als **gewöhnliche Deutsche** kennzeichnen.

→ Beachten wir noch: ‚Botho' und ‚Käthe' ähneln sich dadurch, dass sie beide ein **überflüssiges ‚h'** in sich haben, ‚Lene' dagegen, die einfache Frau, ist ohne ‚h'. Bozel von Rexin, von den gleichen Sorgen wie Botho betroffen (im 23. Kap.), hat dieselben Anfangsbuchstaben wie dieser: B. v. R.

Dynamik des Erzählens: Motivverdoppelungen und Motivwiederholungen

Betonung und Präzisierung

Beschreibungen, Motive und Gedanken werden an späteren Stellen wieder aufgegriffen. Früheres wird damit betont oder präzisiert. So lernen wir Fontanes Personen auf dieselbe Weise kennen, wie es im Leben geschieht. Man hört und sieht zuerst Einzelheiten, bis sich im Laufe der Zeit ein Gesamteindruck ergibt.

Häufig werden durch die Motivwiederholungen unsere Erwartungen korrigiert oder enttäuscht. Das ganze Erzählen ist damit unabgeschlossen, und der Roman hat, um das Wort von Walther Killy zu gebrauchen, einen großen „Kunst- und Verweisungscharakter"[9]. Ein anderer Interpret stellt fest: „Episode spiegelt sich in Episode, Person in Person, Äußerung in Äußerung."[10] Nun einige Beispiele!

9 Killy, S. 206
10 Wruck, S. 83

Wiederholung, die überraschende Ähnlichkeiten aufdeckt:

ZUNÄCHST:	SPÄTER:	ERLÄUTERUNG
3. Kap. Frau Dörr über ihren Mann: „Na, verschrieben hat er mir alles, un so sag ich weiter nichts. Wie einer sich legt, so liegt er." (S. 13)	**8. Kap.** Pitt: „Käthe? Ah, […] glänzende Partie. […] Der alte Sellenthin […] hat sechs Güter" (S. 40).	*Heirat nicht aus Liebe, sondern um des Geldes willen gibt es in allen Gesellschaftsschichten.* ***Fontane kritisiert die Menschen.***
13. Kap. Isabeau: „So von fuffzehn an und noch nich mal eingesegnet." (S. 70)	**17. Kap.** Käthe: „Auf meinem ersten Ball, […] ja, dass ich's nur gestehe, noch eh ich eingesegnet war. Onkel Osten nahm mich auf seine Verantwortung mit" (S. 90).	*Es geht zum einen um Prostitution, zum andern um den Glanz der Adelswelt. Doch beide Male wird ein Mädchen sehr früh, vor der Konfirmation, von Männern in eine Rolle hineingezwungen. Fontane kritisiert die von Männern regierte Welt.*
5. Kap. Botho in Dörrs Garten: „Ich […] dachte nach Haus hin an unsren Küchengarten in Schloss Zehden […]. Aber weh mir, wenn ich ungeschickt war […]. Meine Mutter hatte eine rasche Hand." (S. 26)	**13. Kap.** Botho in ‚Hankels Ablage', an störende Gäste denkend: „Das wäre dann freilich die Vertreibung aus dem Paradiese." (S. 63)	*Botho mag Gärten; sie sind für ihn wie das Paradies. Doch drohen dort Unglück und Vertreibung. Das hat er schon im Schlossgarten bei seiner Mutter erfahren müssen.*

Wiederholung, die Gegensätze zeigt:

ZUNÄCHST:	SPÄTER:	ERLÄUTERUNG
4. Kap. Botho nennt Gesprächsthemen in feinen Kreisen: „Italien oder Paris oder die Stadtbahn […]. Und ‚ja' ist gerade so viel wie ‚nein'." (S. 21)	**17. Kap.** Gideon ist ein „gebildeter Mann", der „von Schulen, Gasanstalten, Kanalisation und […] von seinen Reisen zu sprechen wusste." (S. 93 f.)	*Der Oberflächlichkeit des Adels steht die Verlässlichkeit des Handwerksmeisters gegenüber. Er schätzt Gespräche, die auf Sachkompetenz beruhen.* ***Dieses und die folgenden Beispiele richten Vorwürfe an die Welt des Adels.***
6. Kap. Botho macht „ein Strichelchen mit dem silbernen Crayon" (S. 30).	**10. Kap.** Lene führt ein Buch mit „der dick unterstrichenen Überschrift […]: ‚Was zu wissen Not tut.'" (S. 47)	*Auch hier steht Oberflächlichkeit gegen Sorgfalt: Botho spielt nur mit dem wertvollen Bleistift, Lene indes macht sich gewissenhaft Notizen.*
6. Kap. Bothos Wohnung hat eine „seine Mittel ziemlich erheblich übersteigende Einrichtung" (S. 28). **8. Kap.** Wedell: Botho „hat 9000 jährlich und gibt 12000 aus" (S. 40).	**17. Kap.** Lene über ihre neue Wohnung: „Ich habe das Geld dazu gespart, und wenn ich's nicht hätte, so wollt ich arbeiten, bis es beisammen wär." (S. 91)	*Aus Unfähigkeit oder unter dem Druck seiner Verpflichtungen kommt Botho mit seinem Geld nicht aus, während Lene, die Ärmere, mit ihrem Geld gut wirtschaftet. Fontane zeigt dies an einem lebenswichtigen Punkt, der Wohnung.*
7. Kap. Onkel: „Mit der Armee den Sieg"; „Blücher ein Federfuchser […]?" (S. 34) **14. Kap.** Bothos „prächtige Fuchsstute draußen, ein Geschenk des Onkels" (S. 76).	**25. Kap.** Armstrong „könne nicht finden, dass ein großer Unterschied sei zwischen Länderraub und Viehraub" (so Käthe, S. 131).	*Der Onkel verherrlicht Militär und Armee; das ist ein Leitgedanke seines Lebens. Botho passt sich dem an. Doch Fontane ist so radikal, dass er das Militär auch lächerlich macht. Durch einen Nichtpreußen (Armstrong ist Schotte) erteilt er dem Antimilitarismus das Wort. Bothos Frau gibt dies weiter.*

Wiederholung, die infrage stellt und desillusioniert:

ZUNÄCHST:	SPÄTER:	ERLÄUTERUNG
1. Kap. Frau Dörr ist eine „robuste Frauensperson" (S. 5).	**19. Kap.** Frau Dörr hat Frau Nimptsch „eine doppelte Portion von ihrem Fingerhut eingezwungen" (S. 103).	*Die Robustheit Frau Dörrs erscheint am Anfang als positive Eigenschaft. Doch diese Robustheit wird zur Grausamkeit, die den Tod von Lenes Mutter verursacht oder beschleunigt. Ist Frau Dörr eine sympathische Frau? Das Urteil bleibt in der Schwebe.*
1. Kap. „Holztürmchen mit einem halb weggebrochenen Zifferblatt unter der Turmspitze (von Uhr selbst keine Rede)" (S. 5). **3. Kap.** Frau Dörr: „Kommt er denn heute?" Lene: „Ja. Wenigstens hat er es versprochen." (S. 13)	**7. Kap.** Beim Treffen mit dem Onkel: „Es war eine Minute nach eins." (S. 32) **16. Kap.** Lene sah „nach der Turmuhr der Zwölf-Apostel-Kirche. ‚Gerade zwölf', sagte sie" (vor der schlimmen Zufallsbegegnung mit Botho; S. 86).	*Die beschädigte Uhr am Anfang lässt denken, dass genaue Zeiten keine Rolle spielen. Doch dies ist Wunschbild der Personen. Letztlich herrscht die Ordnung der Uhr, ja die Ordnung überhaupt. Wir erleben hier „Poetisierung und Entpoetisierung"*[11].
14. Kap. „In einer klapprigen alten Droschke die lange, lange Fahrt am Kanal hin" (Rückkehr von ‚Hankels Ablage', S. 72).	**23. Kap.** Rexin: „Ritten wir hier statt an diesem langweiligen Kanal, so langweilig und strippengerade wie die Formen und Formeln unsrer Gesellschaft, [...] am Sacramento hin [...], so würd ich die Jette freiweg heiraten". (S.125)	*Dieser Landwehrkanal, öfters und zuerst im 3. Kapitel erwähnt, gehört zum Berliner Alltag und wird zum Sinnbild von Langeweile und Reglementierung. Ein Gegenbild sind natürliche Flüsse: die Spree bei ‚Hankels Ablage' und, in den Fernwehträumen Rexins, der Fluss Sacramento in Amerika.*

---

11 Kribben, S. 239

Durch dieses Prinzip der Motivwiederholung werden nicht nur die **Kapitel vernetzt**, sondern es wird uns auch der **Blick geschärft** für gesellschaftliche Missstände, grausame Konventionen und menschliche Fehler. Fontane übt harte Kritik, aber nicht, indem er seine Figuren auf die Barrikaden schickt oder revolutionäre Parolen formuliert, sondern durch ein sorgfältiges, mit dem einzelnen Motiv und seinen Facetten arbeitendes Erzählen. Der Fontane-Biograf Helmuth Nürnberger sagt: Fontanes Texte „irritieren“ uns, und zwar „in der Doppelbödigkeit ihrer plauderhaften Glätte und der verborgenen Radikalität, die gerade seinen schlichtesten Sätzen innewohnt“[12].

Ein Blick in die Literaturtheorie: Diskurs und Intertextualität

Allgemein gilt: Der Romanautor möchte eine **Geschichte** erzählen, d. h. eine Reihe von Vorfällen, die in gewisser Weise zusammenhängen. Der Roman, so wie er uns vor die Augen tritt, nennt man die **erzählerische Realisierung** oder den **Diskurs.** Diskurs, lat. discursus, heißt eigentlich ‚Rede‘. Wenn man von einem Roman sagt, er sei eine Liebesgeschichte, so meint man die **Geschichte**, wenn man sagt, er sei spannend geschrieben, so meint man den **Diskurs**. Der Roman als Ganzes besteht aus beiden Ebenen, der Geschichte und dem Diskurs. Das Zusammenwirken von Geschichte und Diskurs macht ihn zum Kunstwerk.

Zwei Ebenen des Romans: Geschichte und Diskurs

In den modernen Romanen der letzten Jahrzehnte spielt der Diskurs eine wachsende Rolle. Es gibt sogar Romane, die fast keine Geschichte haben, sondern vorwiegend aus dem Diskurs bestehen; zum Beispiel *Zettel's Traum* (1970) von Arno Schmidt. Hier werden die Gespräche während eines einzigen Tages beschrieben. Schon bei Fontane findet man diese Tendenz. In seinem Roman *Der*

---

12 Nürnberger: *Theodor Fontane*, S. 15

Stechlin (1898) wird mehr gesprochen, als dass etwas geschieht, und über seinen Roman *Die Poggenpuhls* (1895) hat Fontane selbst gesagt: „Das ‚Wie' muss für das ‚Was' eintreten"[13]. (Das ‚Was' ist das, was in der Welt dieses Romans existiert und stattfindet: die Geschichte. Das ‚Wie' ist die Art und Weise, in der es uns mitgeteilt wird: der Diskurs.)

Literarisches, vor allem sprachliches Material als Grundlage der Romanentstehung

Manche Literaturwissenschaftler sagen: Der, der einen Roman schreiben möchte, hat in erster Linie nicht eine Geschichte im Kopf, sondern eine Fülle von ‚Diskursen'. Mit diesen Diskursen ist literarisches, vor allem sprachliches Material gemeint, nämlich eigene Leseerfahrungen, aufgeschnappte Berichte und gesprächsweise erörterte Ideen. Es sind dies lange oder kurze Texte, Sprüche der Kinderzeit und einmal gelernte Gedichte, Lesestoff aus der Schule und Lieblingsbücher. All diese Materialien sind im Gedächtnis gespeichert, wo sie sich überschneiden, zusammenwirken und sich ergänzen. Der Roman entsteht auf der Grundlage von solchen Schätzen im Gedächtnis des Schriftstellers. Diese Vorstellung von der Entstehung eines Romans heißt – nach der bulgarisch-französischen Literaturwissenschaftlerin Julia Kristeva (geb. 1941) – **Intertextualität**.

Die Anhänger der Intertextualität behaupten, dass das im Gedächtnis gelagerte Material größtenteils unbewusst sei und vom Autor ohne Planung wachgerufen werde. Wer schreibt, sagen sie, arbeite **unbewusst mit Texten, die schon längst vorhanden sind**.

Natürlich hat man sich schon früher, ehe es den Begriff der Intertextualität gab, gefragt, welche Texte ein Autor in seinem Roman verarbeitet, von welchen literarischen Werken er sich hat beeinflussen lassen. Doch dachte man dabei an ein bewusstes und absichtliches Gestalten des Schriftstellers; man betrieb ‚Quellen-

---

13 Fontane: *Werke, Schriften und Briefe*, IV/4, S. 635 (Brief an S. Schott, 14. 2. 1897)

forschung'. Intertextualität bedeutet die Erweiterung der Quellenforschung in das Unbewusste.

Zu den Begriffen ‚Geschichte' und ‚Diskurs' noch zwei Bemerkungen:

→ Die beiden Begriffe sind nicht immer klar getrennt. Bei Lenes und Bothos Abschied heißt es: „Und so ging er denn weiter die Straße hinab, während sie, den Kopf auf den Arm und den Arm auf den Gitterpfosten gestützt, ihm mit großem Auge nachsah." (S. 82) Diese Szene ist Teil der Geschichte – so fand der Abschied eben statt. Und doch ist all dies Teil des Diskurses, wenn Fontane ausgerechnet von „großem Auge" spricht und beide Personen und ihr gegensätzliches Erscheinungsbild in einem einzigen Satz knapp erfasst.

→ Oft benutzen die Literaturwissenschaftler nicht die Zweiteilung Geschichte/Diskurs, sondern fügen noch eine weitere Ebene, das **Geschehen**, hinzu. Dieses Geschehen ist der Vorläufer der Geschichte: das Geschehen hat noch keine Ordnung, noch keinen Sinn. Erst als Geschichte trägt es einen Sinn.

Wir stellen diese literaturwissenschaftlichen Begriffe bildlich dar:

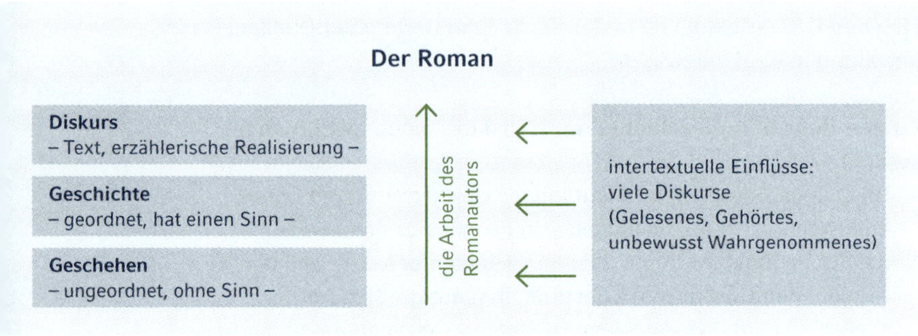

Intertextuelle Einflüsse auf *Irrungen, Wirrungen*

Stoff des verhinderten Liebesglücks

Welche literarische Vorlagen sind nun in *Irrungen, Wirrungen* eingeflossen, welche Literatur hat den Roman intertextuell angeregt? Dieser Roman greift einen alten Stoff auf, das Thema des von sozialen Schranken gestörten und verhinderten Liebesglücks. Dieser Stoff findet sich in Friedrich Schillers Drama *Kabale und Liebe*, in William Shakespeares *Romeo und Julia* und vielen anderen Dramen und Romanen der Weltliteratur.

Goethes *Faust*

Auch Teile von Goethes *Faust*, die Liebesgeschichte von Faust und Grete, haben *Irrungen, Wirrungen* beeinflusst, wobei sich sogar ein Detail nennen lässt. Botho nennt seine Frau einmal „Käthe, Puppe, liebe Puppe“ (S. 129), und ähnlich sagt Faust zu Grete: „Liebe Puppe, fürcht ihn nicht!“ (V. 3476), Worte mit denen Faust Grete die Angst vor Mephisto nehmen will.[14] Ebenfalls in Goethes *Faust*, in einer Szene kurz zuvor, gibt es eine ‚Hexenküche‘, in der ein sprechender Kater auftritt, und diese Verbindung von Kater und Puppe vollzieht auch Fontane: Sagt doch Frau Dörr angesichts

---

14 Vgl. Grawe: *Käthe von Sellenthins Irrungen*, S. 93 f.

der einfachen Wohnung zu Lene: „Denn wer zieht denn in solchen Puppenkasten, wo jeder Kater ins Fenster guckt“ (S. 91).

Zu dem Wort ‚Puppenkasten‘:

Das hier benutzte Wort (S. 91) kann den Ort einer Verpuppung bezeichnen, den Ort etwa, wo die Raupe zum Schmetterling wird. Fontane, der (dies ist bekannt) biologisch interessiert war, wollte hier wohl den Gedanken der Entwicklung und Entfaltung andeuten.

Andererseits meint Frau Dörr mit dem Wort eine Wohnung, und damit zeigt sich ein weiterer Einfluss. Das Theaterstück ‚Nora oder Ein Puppenheim‘ des Norwegers Henrik Ibsen hat im Jahre 1880 seine deutsche Erstaufführung gehabt, und Fontane hat um 1887 eine Betrachtung über das Stück verfasst.[15] *Daher lag das Wort ‚Puppenheim‘ in der Luft; es ist die Bezeichnung für den häuslichen Lebensraum einer im Eheleben unterdrückten Frau.*

Ausflug zu ‚Hankels Ablage‘ intertextuell gesehen

Auch der Ausflug zu ‚Hankels Ablage‘, in die Landschaft außerhalb der Großstadt, ist intertextuell zu sehen. Zu denken ist an die sogenannte Pastoral-Poesie der Antike, bei dem römischen Schriftsteller Vergil etwa, die in der ländlichen Natur spielt, oder – um in Fontanes Zeit zu bleiben – an den Sensationsroman *Die Geheimnisse von Paris* (1843) von Eugène Sue. Hier macht ein junges Mädchen eines Tages die schönste Erfahrung ihres Lebens; sie darf das finstere Häusermeer von Paris verlassen und auf das Land reisen. ‚Hankels Ablage‘ hat auch etwas Paradiesisches an sich, und Bothos Äußerung, „die Vertreibung aus dem Paradiese“ stehe bevor (S. 63), bezieht sich auf Adam und Eva und ihre Vertreibung im 1. Buch Mose der Bibel. Bei dieser Vielfalt der Anspielungen wird

---

15 Fontane, Theodor: *Aufzeichnungen zur Literatur.* Hg. v. Hans-Heinrich Reuter. Berlin, Weimar: Aufbau 1969, S. 155–158

Fontanes Kunst sichtbar, seine Kunst nämlich, ganz unterschiedliche Diskurse wie das moderne Sue'sche Paris-Thema und die biblische Paradies-Legende zu verquicken.

Goethes *Wilhelm Meisters Lehrjahre* und *Egmont*

Die Szene, in der Botho die Briefe und den Strauß verbrennt (S. 120), erinnert an eine Passage in Goethes Roman *Wilhelm Meisters Lehrjahre*, wo der Held Wilhelm (im 2. Buch, 2. Kapitel) Zettel und Blumen anzündet, die er von seiner Freundin Mariane bekommen hat.[16] Ebenso lässt Bothos Äußerung „Viel Freud, viel Leid. Irrungen, Wirrungen“ (S. 119) an Goethes Drama *Egmont* mit ‚Clärchens Lied‘ denken.[17]

Sind diese intertextuellen Bezüge wichtig für das Verständnis des Romans? Zweifellos. Vieles von dem, was Fontane an literarischen Anspielungen bewusst oder unbewusst untergebracht hat, war für die Leser seiner Zeit allgemeines Bildungsgut. Der Leser erkannte wieder, ebenfalls bewusst oder unbewusst, was er schon woanders gelesen oder gehört hatte. Mit solchen intertextuellen Erinnerungsgefühlen macht das Lesen besondere Freude. Wir heute müssen solche literarischen Querbezüge oft erst mühsam aufdecken.

---

16 Vgl. Morgenthaler, S. 83 f.

17 Siehe *Egmont*, III, 2: „Freudvoll / Und leidvoll, / Gedankenvoll sein; / Langen / Und bangen / In schwebender Pein“ (vgl. Betz, S. 58)

Erzählperspektiven und Perspektivenwechsel

In *Irrungen, Wirrungen* gibt es, wie in fast allen epischen Werken, einen Erzähler, der für den Diskurs verantwortlich ist und uns die Geschichte erzählt. Dieser Erzähler ist nicht der Autor Theodor Fontane selbst, sondern ist von ihm geschaffen. Dies wird ganz deutlich, wenn der Erzähler die Leser vertraulich anredet und dabei das Wort ‚unser' benutzt: Es habe „sich manches in unserem Bekannten- und Freundeskreise verändert", hören wir Leser zu Beginn von Kapitel 17.

Sprache, Verhalten und Wandlung des Erzählers

Wie spricht, verhält sich und wandelt sich der Erzähler im Laufe des Romans? Diese Frage lässt sich nach verschiedenen Gesichtspunkten beantworten. Zum einen hat der Erzähler eine gewisse **Erzählhaltung**; damit ist seine innere Einstellung zum Geschehen gemeint. Er kann distanziert oder vertrauensvoll, er kann kritisch, ironisch, bejahend oder parteiisch berichten. (Zwei Beispiele: Die Aussage über den Blick aus Lenes neuer Wohnung: „Ja, der Blick, dessen sie sich erfreuten, war entzückend und so schön und frei", S. 92, ist ein bejahendes Erzählen. Der Satz: „Der alte Dörr hatte sich bis zuletzt überraschend gut benommen", ebd., ist ein kritisches Erzählen.) Sodann verwendet der Erzähler eine gewisse **Darbietungsweise**; er kann berichten, kommentieren oder beschreiben; er kann auch Worte der Personen wiedergeben. So ist der Beginn des 23. Kapitels zunächst ein Bericht („Botho sah in die Asche"), dem ein innerer Monolog Bothos folgt („‚Wie wenig und wie viel'"). Der nächste Satz ist teils wieder Bericht, teils eine Beschreibung des Kaminschirmes mit seiner „Wandfigur". Als dritten und wichtigsten Gesichtspunkt gibt es die **Erzählperspektive**, auch das Erzählerverhalten genannt.

Die **Erzählperspektive** gibt an, wo sich der Erzähler befindet. Man unterscheidet

- → die **auktoriale Erzählperspektive** (oder olympische Erzählperspektive), die besagt, dass der Erzähler über der Geschichte steht und wie ein höheres Wesen mit großer Autorität alles überblickt, ja allwissend ist.
- → die **neutrale Erzählperspektive**, die vorliegt, wenn der Erzähler auf dem Schauplatz anwesend ist, sozusagen neben den Personen steht und als Beobachter und Augenzeuge fungiert. Er teilt uns mit, was er sieht und hört und vielleicht auch, welche Eindrücke er gewinnt.
- → die **personale Erzählperspektive**, die den Fall meint, dass der Erzähler sich in das Fühlen und Denken einer Figur hineinversenkt. Der Erzähler redet dann aus dem Innern der Person heraus und macht ihre persönlichen Gefühle sichtbar.

Der Diskurs

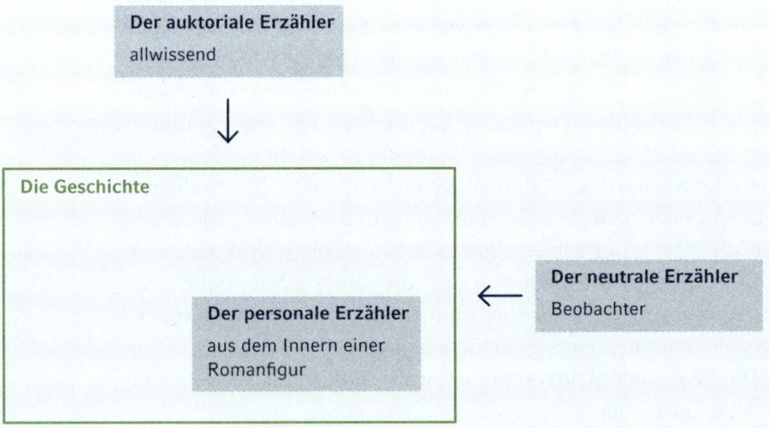

Man könnte fragen: Ist der auktoriale Erzähler denn nicht immer gegenwärtig? Schließlich weiß er alles, er hat doch alles im Griff. Er lässt die Figuren sprechen, er führt Symbole ein, er erfasst die besonderen Situationen. So gesehen lässt sich sagen: Der auktoriale Erzähler „delegiert gleichsam bestimmte Aufgaben", und zwar an den neutralen und an den personalen Erzähler.[18]

Fontane wechselt häufig die Erzählperspektive. Schon der Anfang des Romans ist sehr kunstvoll gestaltet. So spricht, im ersten Absatz, ein auktorialer Erzähler, der die Gärtnerei und ihre Wohnungen überschaut, und dann, im zweiten Absatz, zum Heute übergeht („Heut aber stand die Sonne", S. 5) und zum neutralen Erzähler wird. Er berichtet getreulich, was er sieht und hört.
Sehen wir uns zwei Kapitel genauer an!

Auktorialer Erzähler

Im 11. Kapitel, in dem Lenes und Bothos Wochenendausflug beginnt, erscheint ein auktorialer Erzähler, der die Zeit („auf einige Wochen hin das Lieblingsgespräch", S. 51) und die Gespräche und Planungen von hoher Warte überschaut. Auch die Situation im Eisenbahnzug („wenige Wagen", „schwach besetzt", ebd.) überblickt er völlig. An einer Stelle wird er vorübergehend zum personalen Erzähler, der sich in Lene hineindenkt: „Wo, war gleichgültig." (ebd.) Dies ist ein Gedanke Lenes während des Planens, der als erlebte Rede erscheint.

Personaler Erzähler

---

18 Plett: *Kunst der Allusion*, S. 325

Man unterscheidet:

Direkte Rede	**Indirekte Rede**	**Erlebte Rede**
wäre hier	wäre hier	benutzt der Erzähler jetzt:
Sie sagte: „Wo, ist gleichgültig."	*Sie sagte, wo, sei gleichgültig.*	*„Wo, war gleichgültig."*

Die erlebte Rede ist also eine Nebenform der indirekten Rede. Sie lässt die inquit-Formel – das ‚sagte er' oder ‚dachte er' – weg und benutzt den Indikativ statt des Konjunktivs.

Neutraler Erzähler

Auktorialer Erzähler

Wechselnd neutraler und auktorialer Erzähler

Ab dem vierten Absatz berichtet ein neutraler Erzähler, der vor allem einen Dialog wiedergibt. Die Beschreibung des Gasthauses übernimmt der auktoriale Erzähler, der etwa weiß, dass ‚Hankels Ablage' „ursprünglich ein bloßes Fischerhaus gewesen" ist.

Im folgenden Text des Kapitels wechseln sich neutraler und auktorialer Erzähler mehrfach ab. Ein neutraler Erzähler spricht über seine Wahrnehmungen in der gegenwärtigen Situation, während ein auktorialer Erzähler Kommentare und Erläuterungen einfügt, die über das Sichtbare hinausgehen. Zuerst spricht Lene zu Botho („Hier bleiben wir", S. 52; neutraler Erzähler), dem eine Charakterisierung Lenes folgt („Etwas […] beinahe Herbes, das sonst in ihrem Charakter lag", ebd.; auktorialer Erzähler). Später erscheint der Wirt, um sich Befehle zu holen, und es sind Vögel und Küken zu sehen. Dies alles vermittelt der neutrale Erzähler, der dabei wie eine Filmkamera nach verschiedenen Seiten schwenkt. (Tatsächlich wird der neutrale Erzähler auch ‚camera-eye' genannt.) Angaben wie: Lene und Botho „genossen […] das Glück dieses Alleinseins in vollen Zügen" (ebd.) sind Kommentierungen des auktorialen Erzählers.

Wieder folgt ein Dialog fast ohne inquit-Formeln, also eine typisch neutrale Perspektive. Am Ende des Dialogs erscheint dagegen der auktoriale Erzähler, der weiß, dass Lene ein „Berliner Kind" ist, das „sticheln" mag (S. 53). Der Satz „er verzieh ihr aber" (ebd.) ist nun kein Kommentar mehr, sondern er ist aus Bothos Innern herausgesprochen; hier erscheint nach langem ein personaler Erzähler.

Personaler Erzähler

Die Bootsfahrt und der Aufenthalt auf der Wiese zeigen wieder den neutralen Erzähler. Die sich wandelnden Stimmungen und der Gedanke des Gebundenseins ergeben sich allein aus den gesprochenen Worten, die uns der Erzähler mitteilt. Wir Leser erleben also diesen Abschnitt, der das Verhalten und den Charakter von Lene und von Botho zeigt, so mit, wie wenn wir selbst dabei wären. Dies ändert sich erst am Ende des Gesprächs: „Er versuchte zu lachen", heißt es über Botho, der mit dem gewonnenen „Eindruck" kämpft (S. 55): das ist die personale Perspektive. Die letzten Zeilen formuliert zunächst ein neutraler Erzähler („Und so gingen sie wieder auf die Stelle zu", S. 56) und dann ein auktorialer Erzähler, der in beide Figuren hineinsehen kann (jeder hing „der Frage nach, wie lange das Glück noch dauern werde", ebd.).

Neutraler Erzähler

Personaler Erzähler

Neutraler Erzähler

Auktorialer Erzähler

Dieses 11. Kapitel bietet oft einen Wechsel zwischen den Erzählperspektiven. Dabei gibt der neutrale Erzähler, der am häufigsten erscheint, der Augen- und Ohrenzeuge sozusagen, dem Ganzen eine besondere Lebendigkeit. Doch wird dies intensiv ergänzt: Der personale Erzähler spricht heimliche Gedanken der einzelnen Figuren aus, und der auktoriale Erzähler stellt mit seinen Kommentaren größere Zusammenhänge her.

Neutraler Erzähler berichtet, auktorialer Erzähler begründet

Das **26. Kapitel**, das Schlusskapitel, besteht aus drei Teilen. Der **erste Teil** gibt den Moment am Kamin wieder, wo Käthe die ascheartigen Briefreste anzündet. Hier spricht ein neutraler Erzähler, der uns die sichtbaren Vorgänge berichtet („so zog Käthe die Klingel", „im selben Moment trat Botho wieder ein", S. 134) und uns mithören lässt, was Käthe über die Russin in der Kur erzählt. Im ersten Absatz greift allerdings noch der auktoriale Erzähler ein, wenn er Käthes Verhalten begründet: Käthe geht mit Botho in sein Zimmer, „weil es sie nach dem Bewusstsein und der Genugtuung verlangte, den ersten Tag […] an seiner Seite zugebracht zu haben" (S. 133).

Auktorialer Erzähler wird zum neutralen Erzähler

Der **zweite Teil** mit Lene und Gideon als Brautpaar vor der Kirche ist verwickelter. Schon mitten im ersten Satz ändert sich das Erzählerverhalten. Denn mit den Worten „drei Wochen später" spricht ein auktorialer Erzähler, weit über der Geschichte stehend, der aber rasch zum neutralen Erzähler wird und diesen neuen Zeitpunkt als „heute" bezeichnet (S. 135). – Schon einmal, im ersten Kapitel, haben wir solch einen Übergang zum Heute erlebt (S. 5, siehe oben). – Dieser neutrale Erzähler beschreibt, was vor den Augen der Zuschauer abläuft, und horcht selbst in die Zuschauer hinein. Er bewertet auch; er spricht von Lene als „einem sehr hübschen Mädchen" (S. 135).

In diesem Abschnitt sind sich der Erzähler und der Leser so nah und vertraut wie noch nie. Der Erzähler hält es nicht für nötig, uns eigens die beiden Personen, die heiraten, vorzustellen; die Namen Lene und Gideon fallen nicht. Lediglich den Namen „Frau Dörr" spricht er aus (S. 136). Auch die mitgeteilten Gespräche der Anwesenden beziehen sich auf Lene, ohne dass der Name Lene ausgesprochen wird. Dies heißt: Lene wird in den Mittelpunkt gerückt. Sie ist so bedeutend, dass man über sie sprechen kann, ohne ‚Lene' zu sagen.

Im **dritten** und letzten **Teil** (S. 136) des Schlusskapitels werden die Namen des Paares ausgesprochen, und zwar von Käthe, die die Zeitungsanzeige vorliest. In diesem Teil erscheint vorwiegend der neutrale Erzähler. Er lässt Botho und Lene wie auf einer Theaterbühne reden und legt am Ende, in sehr theaterhafter Weise, Botho einen prägnanten Satz in den Mund: „Gideon ist besser als Botho." Das kurze Auftreten des auktorialen Erzählers bezieht sich auf Botho: Botho ist es, der „allmorgendlich" Futter streut, und er ist es, der den Schluss-Satz des Romans mit einer erzwungenen „Leichtigkeit im Ton" herausbringt. Der Name Lene fällt hier, als Zitat aus einer Zeitungsanzeige, und wiederum besteht das Vertrauensverhältnis zwischen Erzähler und Leser.

Vorwiegend neutraler Erzähler

Im 26. Kapitel führt Fontane in sehr raschem Wechsel verschiedene Erzählperspektiven vor. Der Erzähler spricht manche Informationen, nämlich die Namen handelnder Personen, nicht mehr eigens aus. Der Erzähler ist zu einem guten Bekannten des Lesers geworden.

3.7 Interpretationsansätze

ZUSAMMEN-
FASSUNG

Irrungen, Wirrungen erzählt von Lene Nimptsch, einer Kunststickerin, und Botho von Rienäcker, einem adeligen Leutnant – von ihrem Liebesverhältnis und von ihrer Glücksuche nach der Trennung. Wir interpretieren den Roman in mehreren Schritten. Hierzu eine Übersicht:

Klarstellung:
Fontanes Realismus (S. 85 ff.)

Lene und Botho sind Menschen von besonderem Charakter, sie sind also **psychologisch** bemerkenswert, und sie sind eingebunden in die preußische **Gesellschaft** ihrer Zeit.

Stichwort „Gesellschaft" | **Stichwort „psychologisch"**

Irrungen, Wirrungen als **Gesellschaftsroman** (S. 87 f.)

Genauer betrachtet: *Irrungen, Wirrungen* als **Roman des gesellschaftlichen Wandels** (S. 89 f.)

Irrungen, Wirrungen als **psychologischer Roman** (S. 90 f.)

Genauer betrachtet: *Irrungen, Wirrungen* als **Entwicklungsroman** (S. 92 f.)

Schlussüberlegung: Welcher Interpretationsansatz ist der wichtigere? (S. 94 f.)

Wir stellen all dies in den folgenden Abschnitten dar.

Klarstellung: Fontanes Realismus

Das alltägliche Leben

Man sagt, Theodor Fontane sei ein Realist. Was heißt das? Ein literarisches Werk gilt als ‚realistisch', wenn es die Realität, die Wirklichkeit, das alltägliche Leben beschreibt. Dabei muss das Erzählte nicht tatsächlich geschehen sein. Es genügt, wenn das Erzählte hätte geschehen **können**. Die Geschehnisse von *Irrungen, Wirrungen* hätten damals im Berlin der 1870er Jahre stattfinden können. Bei der Frage nach ‚realistisch' und ‚Realismus' geht es um das, was erzählt wird, mehr noch aber darum, ‚wie' erzählt wird. Fontane hat beides im Auge.

1. **Was wird erzählt?** Fontane vertritt die Position, dass alles in unserer Welt zu erzählter Literatur werden kann. Fontane hat über den Realismus gesagt: „Er umfängt das ganze reiche Leben, das Größte wie das Kleinste: den Kolumbus […] und das Wassertierchen […]."[19] Tatsächlich herrscht in *Irrungen, Wirrungen* eine große Bandbreite, Bismarcks Politik (7. Kap.) ist ebenso ein Thema wie der Bruchspargel bei der Gartenarbeit (3. Kap.).

   Es gibt in ‚Irrungen, Wirrungen' eine Stelle, wo Fontane dem Leser erklärt, was Realismus ist. Worüber kann man reden und – ergänzen wir – worüber kann man schreiben? Frau Dörr: „Über Morcheln, Herr Baron, das geht doch nicht." Botho: „O warum nicht, warum soll es nicht gehen, liebe Frau Dörr? Das […] hat für manche mehr Bedeutung, als Sie glauben." (S. 21) Für den Realisten ist eben alles literaturwürdig!

---

19 Fontane: *Werke, Schriften und Briefe*, III/1, S. 242

2. **Wie wird erzählt?** Fontane hat gefordert: Der Roman „soll ein Zeitbild sein, ein Bild **seiner** Zeit".[20] Man soll beim Lesen „das Gefühl haben, unser wirkliches Leben fortzusetzen, und dass zwischen dem erlebten und erdichteten Leben kein Unterschied ist". Dafür muss, hat Fontane betont, das Erzählen eine „Intensität", „Klarheit" und „Abrundung" bieten, die es im wirklichen Leben nicht gibt.[21] Die Vorausdeutungen, das Spiel mit Wörtern, wechselnde Perspektiven – all dies dient der Intensität und Abrundung.

Verklärung

Für ein solchermaßen erdichtetes Leben hat Fontane den Ausdruck „Verklärung" benutzt.[22] Mit ‚Verklärung' meint Fontane auch,

→ dass die krasse Hässlichkeit und das soziale Elend im Roman nicht auftreten dürfen. In *Irrungen, Wirrungen* hat er den geistig und körperlich behinderten Sohn Hans Dörr nicht beschrieben, sondern ihn lediglich vorgestellt (S. 18). Die Arbeiter im Walzwerk, die hart arbeiten müssen, werden nur während einer Arbeitspause beobachtet (S. 78).

→ dass ihm gelegentlich sachliche Fehler erlaubt seien. Charlottenburg kann man von einem Balkon der Landgrafenstraße nicht sehen, anders als S. 132 besagt. Die Worte Frau Salingers auf S. 127 sind kein echtes Wienerisch.[23] Schwalben nehmen niemals Hingestreutes auf; Bothos Schwalbenfütterung (S. 136) kann nicht sein.[24] Jedoch Fontane war sich sicher: Gerade durch manche Fehler entstehe beim Leser der „Totaleindruck […]: ‚Ja, das ist das Leben.'"[25]

---

20 ebd., S. 319
21 ebd., S. 568 f.
22 ebd., S. 237
23 Fontane nennt diese Fehler im Brief v. 15. 2. 1888 (Fontane: *Werke, Schriften und Briefe*, IV/3, S. 585 f.)
24 Hauke Stroszeck entdeckt diesen Fehler (Stroszeck, S. 79) und interpretiert die Schwalben-Episode als zukunftsfreudige Fortsetzung der Szene, in der Botho seinen Kanarienvogel streichelt (S. 28, Stroszeck, S. 80–84).
25 Fontane in dem in Anm. 23 genannten Brief

Fontane ist nicht für den ‚Idealismus' der Goethe-Zeit, der die Welt beschreibt, wie sie sein sollte. Er ist auch nicht für den ‚Naturalismus', der damals gerade entstand und der das drastisch Hässliche in der Welt wiedergibt. Fontanes Realismus orientiert sich an der unmittelbar sichtbaren Erfahrungswelt und zugleich an poetischen Zielen wie Intensität, Klarheit und Ablehnung des Hässlichen. Fontanes Realismus wird **poetischer Realismus** genannt.

Wie wirklich ist die Wirklichkeit?

Ist Fontanes Realismus etwas Altmodisches? Manche sagen ja, weil Fontane auf poetische Weise in die Wirklichkeit etwas hineinmontiert, was doch nicht genau der Wirklichkeit entspricht. Demnach wäre Fontanes ‚poetischer Realismus' gar nicht realistisch. Doch heute stellt sich die Naturwissenschaft die grundsätzliche Frage: Ist die Wirklichkeit überhaupt fassbar, konstruieren wir Menschen beim Wahrnehmen von Wirklichkeit nicht immer etwas hinein? Jede Erkenntnis ist konstruiert – genau dies behauptet eine moderne Richtung in der Philosophie, die von der Physik beeinflusst ist, der sogenannte Konstruktivismus. Sein Hauptvertreter ist der deutsch-amerikanische Philosoph Ernst von Glasersfeld (1917–2010). Fontanes poetischer Realismus steht dem Konstruktivismus nahe und ist also modern.

Irrungen, Wirrungen – ein Gesellschaftsroman

Dieser Roman ist ein Gesellschaftsroman – statt Gesellschaftsroman sagt man auch **Zeitroman** –, denn er stellt dar, wie zwei Menschen, die sich lieben, aufgrund ihrer gesellschaftlichen Herkunft ihr Leben nicht zusammen verbringen können und auf ihr gemeinsames Glück verzichten müssen. Dabei beschreibt Fontane die Gesellschaft seiner Zeit, die Lebensformen des Deutschen Kaiserreiches. **Alle Personen des Romans haben ihren Platz in der Gesellschaft**, von dem Adligen Botho von Rienäcker und seinen Angehörigen und Freunden über die kleinbürgerlichen Kreise um

Lene Nimptsch und Frau Dörr bis zu den Arbeitern eines Walzwerkes (Kap. 14) und dem Kutscher einer Droschke (Kap. 21).

Bedeutung des Standes

Für Lene ist Bothos Mutter, die Adlige, nicht erreichbar, genauso, wie die Kaiserin für sie nicht erreichbar ist (wie das Gespräch S. 26 zeigt). Botho sagt zu der Wäscherin Frau Nimptsch: „Jeder Stand hat seine Ehre.“ (S. 18). Das ist eine tolerante Feststellung, die aber auch ausdrückt, dass der Stand und die gesellschaftliche Position dem Menschen immer anhaften. Genauso denkt Frau Nimptsch, die sich lange weigert, in eine schöne neue Wohnung umzuziehen (S. 91). Auch die Stadtteile Berlins mit ihrem besonderen Flair sind gesellschaftlich gekennzeichnet. Botho wohnt in einer vornehmen Straße („Bellevuestraße“, „Gartenbalkon“; S. 28) und kommt in den einfachen Dörr'schen Garten nur besuchsweise. Im Gelände Zoologischer Garten/Tiergarten mit der „Lästerallee“ (S. 27) kann er sich mit Lene nicht zeigen.

Gesellschaftkritik

Der Roman kritisiert diese Gesellschaft, den Umstand vor allem, dass die Menschen dieser Gesellschaft in streng abgegrenzte Schichten und Klassen eingeteilt sind. Lene, die nicht Bothos Frau wird, ist „eigentlich eine kleine Demokratin“ (S. 26), aber das demokratische Denken hat noch keine Macht. Mit dem Blick auf Lenes und Bothos Trennung lässt sich sagen: Fontane beschreibt die qualvolle Abhängigkeit des Einzelnen von den Normen der Gesellschaft, und in *Irrungen, Wirrungen* spielt sich eine „Tragödie“[26] ab.

---

26 Killy, S. 201

Irrungen, Wirrungen – ein Roman des gesellschaftlichen Wandels

Fontane geht noch weiter. Er stellt dar, dass diese Zeit und ihre politischen Strukturen bereits im Wandel begriffen sind. Der Adel ist schon in einer gefährdeten Lage, das Bürgertum gewinnt an Macht. Botho ist hochgradig verschuldet, und zwar sind es Bürgerliche (namens „Rothmüller“, S. 73) und sogar Landwirte („die Jeseritzer Bauern“, S. 37), die Grundbesitz haben und Geld verleihen. Bothos Onkel Kurt von Osten, der über das wachsende Berlin mit seinem starken Bürgertum schimpft, hat Schulden sogar bei seinem Pastor („ein Stück von meinem Acker zurückgefordert“, S. 36). Er ist auch ein Gegner der neuen Politik, der Politik Bismarcks, der mit den bürgerlichen Parteien zusammenarbeitet. Onkel Kurt sieht, dass der „Federfuchser“ Bismarck (S. 34) zusammen mit dem Beamtenapparat die Macht der Adligen beschränken will.[27] Die alte Politik, die Politik des Schlachtfeldes, kritisiert hingegen der Schotte Armstrong, der sagt, „er könne nicht finden, dass ein großer Unterschied sei zwischen Länderraub und Viehraub“ (S. 131) – eine Aussage, die die Adlige Käthe aufgeregt wahrnimmt.

Das Bürgertum gewinnt an Macht

Käthes engste Gesprächspartnerin während der Kur ist ausgerechnet eine reiche Bürgerliche, die „Bankierfrau“ Salinger (S. 104). Schon vorher hat Käthe für das Bürgertum geschwärmt, nämlich für reiche aktive „Industrielle“, die zum Beispiel „unterseeische Telegraphen“ legen (S. 98). Die Leistungen und die Fortschritte, die das Bürgertum erbringt, werden also im Roman bewundert.

---

27 Der Interpret Karl S. Guthke sagt hierzu: „Klar also: gesellschaftlicher Wandel zum Nachteil des Landadels von oben, vom Reichskanzler Bismarck, ergänzt den von unten, von den Rothmüllers und den Jeseritzer Bauern.“ (Guthke, S. 292)

➪ S. 46 f.

Doch es geht nicht nur um das Bewundern. Im Roman tritt Gideon Franke auf. Dieser handwerklich gebildete und weit gereiste Fabrikmeister ist ein Vertreter dieses Fortschritts. Er ist tüchtiger als die Adligen. Wir haben dies auf S. 46 f. dargestellt.

Die Gefährdung, ja die Untergangsstimmung, in der der Adel lebt, macht Fontane auch durch die nichtadelige Lene sichtbar. Lene steht in einem sehr positiven Licht; sie ist die intelligenteste und seelisch stärkste Person des Romans, sie ist ihrem adeligen Freund Botho überlegen.

Irrungen, Wirrungen – ein psychologischer Roman

Darstellung der vielschichtigen Psyche der Menschen

Mit der Gestalt der Lene bewegt sich dieses Werk noch in eine andere Richtung und entfernt sich vom Gesellschaftsroman. Mit Lene und ihrer Gartenatmosphäre gerät der Roman in Distanz zum Alltag und zu seiner Epoche. Eine gewisse Distanzierung verfolgt Fontane auch dadurch, dass er die Handlungszeit um einige Jahre zurückverlegt, heißt es doch im ersten Satz: „[…] befand sich in der Mitte der siebziger Jahre noch […].“ (S. 5)

Fontane geht es also nicht nur um seine Zeit. Er schildert die Menschen in ihrer Menschlichkeit. Seinen Figuren hat er komplizierte Charaktere beigegeben. Dies gilt für Lene, die zum Sticheln neigt (S. 53), und es gilt auch für Frau Dörr und ihre fragwürdige Robustheit, für Gideon, der als Sektenführer altmodisch wirkt und doch modern denkt, und sogar für Käthe, die nicht nur naiv „dalbert“ (S. 100), sondern sich auch von Armstrong und seiner Verspottung des Militärs faszinieren lässt. Viele der Wortspiele und Motivwiederholungen dieses Romans – wir haben auf den Seiten 63 ff. darüber gesprochen – drücken die vielschichtige Psyche der Personen aus.

➪ S. 63 ff.

Es ist die Liebe zwischen Botho und Lene, die die Normen der Gesellschaft vorübergehend außer Kraft setzt. Alles Wesentliche, das Lene tut, beruht auf ihren bewussten und illusionslosen Entscheidungen („mein freier Entschluss", S. 81). Fontane demonstriert hier die Stärke der Psyche, genauer gesagt: der weiblichen Psyche.

Stärke der weiblichen Psyche

Ein typischer Vorgang des Seelenlebens ist Lenes Erschrecken – so, als müsse sie ein schlechtes Gewissen haben –, als sie auf der Landpartie ein fleißig arbeitendes Mädchen bemerkt (S. 64). Psychologisch exakt arbeitet Fontane auch, wenn er Lene nach ihrem Zusammenbruch dadurch neue Kraft verleiht, dass er sie die Wohnung wechseln lässt (17. Kap.).

Zu dieser psychologischen Seite des Romans gehören auch einige grundsätzliche Aussagen über die menschliche Seele, die wir von den Personen hören. Zum Beispiel sagt Bothos Kamerad Serge den tiefsinnigen Satz: „Alle Genüsse sind schließlich Einbildung und wer die beste Phantasie hat, hat den größten Genuss." (S. 39) Botho stellt fest, dass „das Herkommen unser Tun bestimmt" (S. 78), und von Lene hören wir einen Gedanken, den der Psychologe und Humanist Erich Fromm gesagt haben könnte: „Die Liebe […] macht auch hell und fernsichtig." (S. 27)

Entsprechend richtet sich die Kritik dieses Romans nicht nur gegen aktuelle politische Zustände, sondern auch gegen die Menschen selbst. Fontane zeigt uns, wie harte Männer die Frauen quälen und Eltern ihre Kinder einengen (siehe in unseren Erläuterungen S. 68). Diese Kritik Fontanes ist aktuell geblieben.

⇨ S. 68

'Hankels Ablage': Gäste vor dem Eingang zum Restaurant Segler-Schloss, Inhaber W. Heinrich © ullstein bild – Haeckel-Archiv, undatierte Aufnahme

Irrungen, Wirrungen – ein Entwicklungsroman

Unter einem Entwicklungsroman versteht man einen Roman, der den Lebenslauf der Hauptperson, ihre innere Entwicklung und die äußeren Einflüsse, darstellt. Achten wir auf die Figur Botho!

Botho kann als die interessanteste Person des Romans angesehen werden. Denn während alle anderen Figuren ihr eigenes Denken nicht zur Debatte stellen, macht Botho in seinem Denken eine Entwicklung durch. Botho geht Entscheidungen aus dem Weg: er muss sich sogar von Lene sagen lassen, was geschehen wird („wegfliegen wirst du", S. 27). Als in ‚Hankels Ablage' die Kameraden eintreffen, passt er sich ihnen an und veranlasst Lene, sich deren Geliebten anzuschließen (S. 65).[28] Er ist von seiner Mutter und seinem Onkel völlig abhängig, wie seine Reaktion auf den Brief der Mutter (S. 75 f.) zeigt. Botho ist also schwach und konfliktscheu („Wer bin ich? Durchschnittsmensch", sagt Botho sich selbst; S. 76). Doch diese Schwäche zu erkennen und dann konsequent zu sein, das ist Bothos Leistung.

Fontane beschreibt hier einen schwierigen Entwicklungsprozess. Der Titel *Irrungen, Wirrungen* ist in erster Linie auf Botho und seine Entwicklung zu beziehen. Botho selbst spricht diesen Titel einmal aus (S. 119).

Anfangs, wenn wir Botho zum ersten Mal in seiner Wohnung erleben, erscheint ihm die Welt als „eine der besten Welten" (S. 31). Später sieht er beim Anblick von Arbeitern ein, dass das Einhalten

28 Oliver Sill vermutet, Botho habe die Kameraden extra dorthin bestellt, damit er Lene los werde – ein „niederträchtige[s] Verhalten" (Sill, S. 55). Ist diese radikale Deutung akzeptabel?

der „Ordnung" für ihn das Richtige ist (S. 78). Botho hätte ja Lene heiraten können, so wie „Adalbert von Lichterloh" die bürgerliche Hildegard Holtze heiratet (S. 121). Dazu hätte er sich von seiner Familie und den Konventionen lösen müssen, was freilich eine zu schwere Aufgabe für ihn ist.

Schließlich hat er sich so weit entwickelt, dass er seinem Kameraden Rexin schlüssig erklären kann, dass es auch für ihn gut sei, die Regeln der Gesellschaft einzuhalten (S. 125 f.). Natürlich kann man Botho tadeln, aber es ist bewundernswert an ihm, dass er seinen eigenen Charakter erkennt und sich geistig die Position erarbeitet, die für ihn passt.

Bothos innere Entwicklung

Fontane hat in dem Bild von Botho und seiner Entwicklung viele Feinheiten untergebracht. In der ersten Hälfte des Romans fehlen Botho oft die Worte, um Probleme zu erörtern. Am Schluss dieser ersten Hälfte, in dem letzten Augenblick des Abschieds, ist er stumm (S. 82). In der zweiten Hälfte des Romans entwickelt er seine Fähigkeit, zu reden und zu argumentieren: im 20. Kapitel gegenüber Gideon und sehr intensiv im 23. Kapitel gegenüber Rexin: „Ja, Rexin, ich will Ihnen antworten, so gut ich kann, und ich glaube, dass ich es kann." (S. 125 f.). Fontane gibt ihm sogar das letzte Wort im Roman.

Fähigkeit zur Rede und Argumentation

Der Roman macht deutlich, dass Bothos Denkweise eben für Botho, nicht aber für andere zutrifft. Denn in dem Gesprächspartner Rexin beschreibt Fontane „einen ‚neuen' Botho von Rienäcker"[29], der in seinem Denken weiter ist. Botho selbst bemerkt die Fragwürdigkeit seiner Vorstellungen. Er erkennt, dass Gideon, dieser moderne bürgerliche Handwerker, ihm gewachsen ist. Dies zeigen sein Gespräch mit ihm im 20. Kapitel und der Schluss-Satz des Romans.

---

29 Hettche, S. 153

Schlussüberlegung: Welcher Interpretationsansatz ist der wichtigere?

Lässt sich der Roman in erster Linie als Gesellschaftsroman oder als psychologischer Roman interpretieren? Beschreibt Fontane mehr die Gesellschaft oder mehr das Individuum? Oder, wenn man die kritischen Beobachtungen und Äußerungen im Roman bedenkt: Ist Fontane in erster Linie Gesellschaftskritiker, oder beleuchtet und kritisiert er mehr die einzelnen Menschen?

Es gibt Äußerungen Fontanes, die belegen, dass ihm beide Standpunkte wichtig waren. Hier seine Aussage angesichts eines Kriminalfalls am Kaiserhof, die ihn als **Gesellschaftskritiker** zeigt:

> „Die Details sind mir ganz gleichgültig – Liebesgeschichten, in ihrer schauderösen Ähnlichkeit, haben was Langweiliges –, aber der Gesellschaftszustand, das Sittenbildliche, das versteckt und gefährlich Politische, das diese Dinge haben […], **das** ist es, was mich so sehr daran interessiert."[30]

Hier eine Aussage Fontanes, in der er sich zum **Schilderer der Menschen** erklärt:

> „Der natürliche Mensch will leben, will weder fromm noch keusch noch sittlich sein […]. Dies Natürliche hat es mir seit lange angetan, ich lege nur **dar**auf Gewicht, fühle mich nur **da**durch angezogen und dies ist wohl der Grund, warum meine Frauengestalten alle einen Knacks weghaben."[31]

---

30 Brief v. 2. 7. 1894 (Fontane, *Werke, Schriften und Briefe*, IV/4, S. 370)
31 Brief v. 10. 10. 1895 (ebd., S. 487)

Natürlich greifen die beiden Sichtweisen ineinander, und jeder Leser muss für sich entscheiden, welcher Aspekt für ihn der wichtigere ist. **Zwei Hinweise noch:**

Jeder Leser muss für sich selbst entscheiden!

- → Wer *Irrungen, Wirrungen* nur als Gesellschaftsroman sehen will, der muss auch bedenken: Lene und Botho sind psychologisch bemerkenswerte Individuen; Lene ist keine typische Kleinbürgerin, und Botho ist kein typischer Adliger. Und wer *Irrungen, Wirrungen* nur als psychologischen Roman sehen will, der muss auch dies wahrnehmen: die Zwänge der Gesellschaft sind es, die die spannende Handlung begründen.
- → Nicht alles, was in einem Roman steht, lässt sich in das Schema von Interpretationsansätzen einbringen. Das Schreiben eines Romans, diese künstlerische kreative Arbeit, hat eigene Gesetzlichkeiten. Der Autor schreibt mehr, als der Interpret ‚brauchen' kann. Ja der Autor schreibt mehr, als ihm selbst bewusst ist. In *Irrungen, Wirrungen* lässt Fontane seine Figur Käthe sagen hinsichtlich ihrer Briefe aus der Kur: „Ich habe mitunter mehr geschrieben, als ich wusste." (S. 130) Hier hat Fontane an sich selbst und seine Kreativität gedacht!

4. REZEPTIONSGESCHICHTE

ZUSAMMEN-FASSUNG

Irrungen, Wirrungen hat von Anfang an viele Leser begeistert. Aber manche haben das Werk als „Hurengeschichte" beschimpft. Ein berühmter Leser ist Günter Grass; sein Roman *Ein weites Feld* behandelt Fontane und auch *Irrungen, Wirrungen.* Viermal wurde *Irrungen, Wirrungen* verfilmt.
Die Literaturwissenschaftler haben die Gesellschaftskritik des Romans herausgestellt und seine poetischen Feinheiten gedeutet.
Neuere Untersuchungen achten besonders auf die zweite Hälfte des Romans und arbeiten Fontanes psychologische Gestaltungskunst heraus.

Irrungen, Wirrungen und die begeisterten Leser

Irrungen, Wirrungen ist neben *Effi Briest* Fontanes meistgelesener und meistbeachteter Roman. Zu Anfang sorgte *Irrungen, Wirrungen* für Aufregung und ablehnende Stellungnahmen. Denn Fontane behandelte freimütig das Thema ‚außereheliche Liebe' und speziell die Liebschaften der Offiziere, etwas, worüber zu äußern sich nicht gehörte. „Wird denn die grässliche Hurengeschichte nicht bald aufhören?", hat ein Mitarbeiter der ‚Vossischen Zeitung' gefragt, als dort das Werk 1887 in Fortsetzungen erschien.[32]

„Grässliche Hurengeschichte"

Inspiration für andere Schriftsteller

Und doch hat das Werk von Anfang an begeisterte Leser gehabt, und es hat sogar andere Schriftsteller inspiriert. Arthur Schnitzler hat in seinem Theaterstück *Liebelei* (1895) das Thema der Offiziersgeliebten wieder aufgenommen, und Kurt Tucholsky

32 Laut Wandrey, S. 213

hat seine Erzählung *Rheinsberg* (1912), eine ländliche Liebesgeschichte, an die ‚Hankels Ablage'-Episode von *Irrungen, Wirrungen* angelehnt, allerdings mit einiger Ironie.[33] Thomas Manns Clawdia Chauchat, die Russin im Roman *Der Zauberberg* (1924), die „unerzogene Frau" mit den „Kirgisenaugen"[34], ist von der Russin mit den Mandelaugen im 26. Kapitel von *Irrungen, Wirrungen* angeregt. Auch Arno Schmidts bittere Liebesgeschichte *Brand's Haide* (1951), in der die arme Lore unter äußerem Druck ihren Geliebten aufgibt, ist eine Art Neufassung von Fontanes Roman.

Grass' Roman *Ein weites Feld;* Magdalena Strehlenow als Fontanes Geliebte

Eine andere Rolle spielt *Irrungen, Wirrungen* in Günter Grass' Roman *Ein weites Feld* (1995). Grass erzählt in dichterischer Freiheit von Theodor Fontane und einer Magdalena Strehlenow, die Fontanes Geliebte gewesen sei und zwei Kinder von ihm bekommen habe (Fontane hatte, so viel ist wahr, zwei uneheliche Kinder!). Diese Magdalena, so berichtet Grass' Roman, sei das Vorbild für Lene Nimptsch.[35] Das ist Spekulation, doch der Literaturwissenschaftler Bernd W. Seiler gibt zu bedenken: Bothos Seufzer, „es wär uns beiden besser gewesen, der Ostermontag wäre diesmal ausgefallen" (S. 30), hat vielleicht Fontane selbst ausgesprochen in Erinnerung an seine folgenreiche Liebschaft.[36] Natürlich ist es gewagt, von dem literarischen Werk auf das Schriftstellerleben zu schließen.

Übersetzungen

Irrungen, Wirrungen wurde dreimal ins Englische übersetzt; die Ausgaben sind 1968, 1986 und 1989 erschienen. Zwei Übersetzungen ins Französische gibt es, die erste von 1931 mit dem Titel *Dédales*, d. h. Labyrinthe, die zweite von 1981.

---

33 Siehe Oswalt, S. 245 f.
34 Mann, Thomas: *Der Zauberberg*. Frankfurt a. M.: S. Fischer, 1981, S. 131 u. 206
35 Siehe Grass, Günter: *Ein weites Feld. Roman*. Göttingen: Steidl, 1995, S. 104 f., 398–401 u. ö.
36 Seiler: *Theodor Fontanes uneheliche Kinder*, S. 220

Verfilmungen

Irrungen, Wirrungen wurde 1937 und 1945 verfilmt; zuerst von Frank Wisbar unter dem Titel *Ball im Metropol,* dann, unter der Regie von Fritz Peter Buch, als *Das alte Lied.* Zweimal hat das Fernsehen *Irrungen, Wirrungen* dramatisiert: 1963 in der DDR und 1966 in der Bundesrepublik. Der Film von 1963 mit der jungen Schauspielerin Jutta Hoffmann (Regie Robert Trösch) wirkte eher wie ein Theaterstück und war dabei eine sehr sorgfältige Umsetzung der Romanvorlage. „Das war ein echter Fontane!", schrieb ein Kritiker.[37] Die Fassung von 1966 unter der Regie von Rudolf Noelte mit Cordula Trantow und Christoph Bantzer in den Hauptrollen hatte ihre besten Szenen im zweiten Teil. Das Gespräch zwischen Botho und Gideon und der Besuch Bothos am Grabe von Frau Nimptsch waren „emotionale Höhepunkte"[38] dieses Films.

Irrungen, Wirrungen in der Literaturwissenschaft

Die ersten Rezensenten des Romans waren beeindruckt, dass hier mit Lene ein Mensch aus dem einfachen Volk im Mittelpunkt stand. Zu nennen sind Paul Schlenther und Otto Brahm, zwei Literaturkritiker, die dem damals aufkommenden Naturalismus verbunden waren. Brahm schrieb 1888: „Nicht singuläre Gestalten schildert Fontane nach Art der Novelle, sondern ein Bild ganzer, großer Lebenskreise entfaltet er […]."[39]

Vgl. S. 108 f.

Diese Sicht wurde später von marxistischen Literaturwissenschaftlern aufgegriffen, die in der Gestalt der Lene eine rebellische Kritik Fontanes an der Klassengesellschaft entdeckten. So sah Georg Lukács Lene als ein „plebejisches Mädchen" und in ihr einen „Triumph des Plebejisch-Volkshaften über die Bürgerlichkeit"[40].

---

37 zitiert nach Biener: *Aneignung*, S. 721
38 Biener: *Audiovisuelle Medien*, S. 994
39 zitiert nach Betz, S. 97
40 Lukács, S. 73

In ähnlicher Weise sagte Hans-Heinrich Reuter 1968, dass Lene „dem Proletariat nahe" stehe, und hielt über den Roman fest: „Zum ersten Male war die Lebenslüge der herrschenden Gesellschaft bis ins Mark getroffen und durchschaut [...]."[41] Dieser Deutung wurde widersprochen, weil Lene als qualifizierte Kunststickerin eben keine Proletarierin ist. Dennoch folgt die neueste Forschung auch diesem Gedanken vom politisch rebellischen Fontane. Sie betont, dass Lenes Garten-Welt märchenhaft und damit wie ein Loblied auf die Demokratie anmutet. Botho erfährt bei Lene „eine andere, natürliche, ja sogar ‚demokratische' [S. 26] Lebensform, freilich immer nur in kurzen Abendstunden"[42].

Fokus auf Fontanes poetischem Können

Eine Reihe von Arbeiten betrachtet weniger den sozial-historischen Hintergrund, sondern vor allem Fontanes poetisches Können. Eugène Faucher hat die Farbsymbolik behandelt, Judith A. Davidson die Rolle Frau Dörrs in der Mittelposition zwischen Lene und Botho, Christian Grawe die Persönlichkeit Käthes (sie ist viel komplizierter, als es beim ersten Lesen erscheint!). Gunter H. Hertling hat in einer Studie die erste Seite als einen Schlüssel für den Roman interpretiert. Für Günter Oesterle kündigt das Wort ‚Schnittpunkt' im ersten Satz die Struktur des Romans an: Im Roman treffen Glück/Schmerz, Natürlichkeit/Zweideutigkeit, liebevolles Vertrauen/Aberglaube jeweils scharf aufeinander.[43] Der britische Germanist James N. Bade hat eine große Studie über die Rolle der Landschaft in *Irrungen, Wirrungen* und anderen Werken Fontanes erarbeitet. Ganz grundsätzlich hat Fritz Martini formuliert: „In den vielen Einzelzügen des Intim-Privaten wird mit erzählerischer Kunst das Typische, im Psychologischen wird das Soziale, im Seelischen das Moralische sichtbar."[44]

---

41 Reuter, 2. Bd., S. 684, 669
42 Aust, S. 114
43 Siehe Oesterle, S. 20 f.
44 Martini, S. 779

Erkenntnisse über Fontanes Weitsicht und Kritik

Von solchen poetischen Feinheiten her ergeben sich neue Erkenntnisse über Fontanes Weitsicht und Kritik. Walter Hettche schreibt in seiner Studie von 1991: „Eine Ehe zwischen einem Adligen und einer Bürgerlichen ist ja nichts Verbotenes", und erkennt hinter den Heiratsproblemen die Jagd nach dem Geld: „Die Romanfiguren erweisen sich allesamt als Opfer eines Materialismus […]."[45] Der Roman ist demnach ein Appell an mehr Menschlichkeit. Norbert Mecklenburg geht in seinem Buch von 1998 noch weiter. Er erinnert daran, dass *Irrungen, Wirrungen* auch ein Frauenroman, eine „Emanzipationsgeschichte"[46] sei, und weist auf die deformierte Männerwelt im Roman hin, in der die Frauen immer wieder die „Verletzung" erführen. Das sei heute nicht anders. Fontane, so Mecklenburg, macht uns für diese Missstände sensibel, sein Erzählen hat eine „ethische Dimension"[47].

Irrungen, Wirrungen im 21. Jahrhundert

Genaues Bild der preußischen Gesellschaft

Heute, nachdem Preußen längst untergegangen ist, erkennt man, dass Fontane in *Irrungen, Wirrungen* ein genaues Bild der preußischen Gesellschaft gezeichnet hat. Die Sozialwissenschaftlerin Anja Kischel untersucht *Irrungen, Wirrungen* mit den Begriffen des französischen neomarxistischen Philosophen Pierre Bourdieu und beleuchtet die Aufstiegswünsche der Romanpersonen[48] – Wünsche in ökonomischer, kultureller und sozialer Hinsicht. Der zweite Teil des Romans erweist sich als eine sorgfältige Zusammenstellung der damaligen Mentalitäten.

---

45 Hettche, S. 151 f.
46 Mecklenburg, S. 264
47 ebd., S. 262 f.
48 Kischel, vor allem S. 231–236

Bedeutung der zweiten Romanhälfte

Überhaupt richtet sich die Aufmerksamkeit der Forschung immer mehr auf die zweite Hälfte des Romans, in der Botho und Lene neue Partner finden. Man sieht die Qualität des Romans gerade darin, dass Fontane der Liebesgeschichte diese Fortsetzung angefügt hat. Diesen zweiten Teil, in dem viele Handlungen alltäglich sind und die Frage nach dem kommenden Glück in der Schwebe bleibt, lobt der Schriftsteller Burkhard Spinnen als „Fontanes Kunstgriff der Kunstlosigkeit“[49]. Der deutsch-amerikanische Germanist Karl S. Guthke sagt, dass Fontane sowohl das Alte als auch das Neue verspotte, den „Verlierer“ Botho und den „Aufsteiger“ Gideon.[50] Andere Interpreten sehen die Entwicklung als hoffnungsfroh an. James N. Bade entdeckt eine Parallele[51] zwischen dem Ausflug nach Charlottenburg (Botho und Käthe im 25. Kapitel) und dem Wochenende in ‚Hankels Ablage‘, und er betont, dass Botho und Käthe als „unser junges Paar“ (S. 127) bezeichnet werden, mit denselben Worten wie einst Botho und Lene (S. 62). In diesem Sinn hat der Fontane-Kenner Hugo Aust bereits 1998 geschrieben: Lene und Botho werden nicht unglücklich, denn: „beide passen zu ihren Ehepartnern“[52]. Aber der belgische Literaturwissenschaftler Eckart Pastor gibt zu bedenken: Vielleicht ist dieses Zusammenpassen und dieses Hineinfinden in die konventionelle Ehe das „zutiefst Bedrückende des Romanendes“[53].

Schwerpunkt auf Psyche und individuellen Merkmalen der Personen

Damit achtet die Forschung mehr auf die Psyche und die individuellen Merkmale der Personen und weniger auf das Ganze der Gesellschaft. Der Literaturwissenschaftler Bernhard Viel meint sogar, Fontane übe in *Irrungen, Wirrungen* nicht Gesellschaftskritik,

---

49 Spinnen, S. 29
50 Guthke, S. 297
51 Bade, S. 99 f.
52 Aust, S. 115
53 Pastor, S. 202

sondern er klage die Menschen an – vor allem den schwachen Botho –, weil sie ihre Vitalität und Tatkraft nicht entfalten.[54]

Es wird auch die interessante Frage gestellt, ob Botho und Lene, wenn sie geheiratet hätten, glücklich geworden wären. Wäre Botho, der „Salon- und Konversationsmensch“[55], wirklich der Richtige für Lene gewesen? Der Germanist Christian Baier antwortet mit nein[56]; denn während Lene in ihrem Sprechen natürlich ist, zeigt sich bei Botho eine „Unachtsamkeit dem gesprochenen oder geschriebenen Wort gegenüber“[57]. Die beiden könnten auf die Dauer nicht kommunizieren.

Bothos Droschkenfahrt durch Berlin ➪ Modernität der Schilderung

Bothos Psyche ist auch wichtig bei seiner Fahrt zum Friedhof (im 21. Kapitel, S. 113–117). Christine Hehle sieht diese Fahrt als ein persönliches Abenteuer und als eine „disparate und groteske“ Veranstaltung[58], in der sich Bothos Unsicherheit und Benommenheit spiegeln. Dabei ist, so fügen wir hinzu, diese Episode die modernste Textpassage in *Irrungen, Wirrungen.* Diese Fahrt zwischen Buden, Portalen und Werbesprüchen, mit einem Berliner Kutscher, der aus Schlesien stammt, mit Hilfe eines hungrigen Pferdes und an einer Musikdarbietung und im Stau an einem Unfall vorbei – das ist eine Welt in einer Buntheit, die von der offiziell herrschenden Ordnung nichts wissen will. Wir Leser von heute fühlen uns wie beim Zappen vorm Fernseher.

---

54 Vgl. Viel, S. 298–301
55 Bender, S. 430
56 Baier, S. 138 u. 147f.; Karl S. Guthkes Antwort geht auch in diese Richtung: „Wer weiß.“ (Guthke, S. 296)
57 Baier, S. 139
58 Hehle, S. 71

5. MATERIALIEN

Die Menschen im Deutschen Kaiserreich

Der Historiker Thomas Nipperdey schreibt über die Klassengesellschaft ab 1871:

Beschreibung der Klassengesellschaft

„Der Staat, das preußisch geführte Reich, hat, auf der Basis älterer Traditionen, den Adel privilegiert, ihm sein Überleben als Stand oberhalb der Klassen oder seine Umbildung zur Grundbesitzer- und Herrschaftsklasse wesentlich erleichtert. Der Adel behielt politische Macht: im preußischen Landtag, in der ländlichen Kommunalverwaltung, am Hof, er stellte die Mehrheit des Regierungspersonals, weite Teile des höheren Verwaltungspersonals (zumal in Entscheidungspositionen) und des Offizierskorps (auch wenn Bürgerliche überall vordrangen). […] Der Adel konnte bei dieser Lage und angesichts des herrschenden ‚Staatsstils' eine gewisse ‚kastenmäßige' Sonderstellung bewahren. Das Duell z. B. blieb – übers Militär vor allem – anders als in einem so alten Adelsland wie England dafür ein Symbol. Das Heiratsverhalten blieb standesgebunden. […] Der Adel konnte seine eigene Sozialmoral, seinen Stil und seine Sonderwerte erhalten: den repräsentativen Konsum, die Distanz zum bloß Nützlichen […]."[59]

Der Theologe Paul Göhre hat um 1887 nach seinem Studium drei Monate in einer Maschinenfabrik (mit Elf-Stunden-Tag!) gearbeitet. Er hatte auch mit Fabrikmeistern zu tun, also Männern wie Gideon Franke:

Stellung der Fabrikmeister

---

59 Nipperdey, Thomas: *Deutsche Geschichte 1866–1918. 1. Bd. Arbeitswelt und Bürgergeist.* München: C. H. Beck, 1994, S. 417 f.

„Wieder anders als die Monteure standen in der Fabrik die Meister. [...] Schon durch ihre Kleidung unterschieden sie sich in der Fabrik von allen übrigen; sie trugen keinen eigentlichen Arbeitsanzug, sondern auch während der Arbeit den üblichen modischen Rock, Schlips und weiße Wäsche. Sie bildeten das Bindeglied zwischen der Arbeiterschaft und den höhern Beamten des Etablissements bis zu den Direktoren hinauf; sie sind, ich weiß in der Tat keinen bessern Vergleich, die Feldwebel in der Fabrik. Sie sind die technischen Leiter des Betriebes im Detail, dem Direktor hierin wie bezüglich der Persönlichkeiten der einzelnen Arbeiter maßgebend und verantwortlich; sie kontrollierten die Arbeiter alle und hatten – was von besonderer Bedeutung ist – Einfluss auf die Höhe des Stunden- wie namentlich des Akkordlohnes des einzelnen Mannes. Sie gaben das Tempo für den Gang der Arbeit mit an und hatten es in der Hand, dass auch bei flauerm Geschäftsgange Leute nicht entlassen, sondern mit durchgeschleppt wurden."[60]

Boots- und Badeunfälle in Stralau

Der Beinahe-Unfall in Stralau, bei dem sich Lene und Botho kennenlernen, war nichts Außergewöhnliches. Der Berliner Felix Eberty berichtet in seinen Memoiren:

„In Stralau war neben dem Fischessen auch das Fahren auf Kähnen und Segelbooten und das Baden in der Spree ein anziehender, aber nicht ungefährlicher Zeitvertreib, dem alljährlich eine ziemlich große Zahl der Gäste zum Opfer fielen. Infolgedessen befindet sich, vielleicht einzig in seiner Art, dort ein besonderer Kirchhof für Ertrunkene, auf dem ausschließlich diese Verunglückten begraben werden. Er liegt dicht an der Kirche, deren Turm der König von Schinkel hat erbauen lassen."[61]

---

60 Göhre, Paul: Drei Monate Fabrikarbeiter und Handwerksbursche. Leipzig: Grunow, 1891, S. 83
61 Eberty, Felix: *Jugenderinnerungen eines alten Berliners* (1878); zitiert nach: Prang, Hans u. a.: *Mit Berlin auf du und du.* Leipzig: Brockhaus, 1980, S. 27

Äußerungen Fontanes

Während der Konzipierung des Romans schreibt Fontane (am 21. April 1884) an den Literaturkritiker Eduard Engel:

Über die Konzeption

„Meine Geschichte behandelt das Verhältnis eines schönen Gardekürassieroffiziers zu einer Confectioneuse, noch richtiger zu einer an der Grenze des Volkstums stehenden Weißzeugstickerin, von der er sich schließlich trennt, **weil er muss**. Alles in Ruh und Frieden, in Freundschaft, in **Liebe**. Leider auch in Liebe, was dahin führt, dass beide – trotzdem sie sich anderweitig gut und glücklich verheiraten – doch einen Knacks fürs Leben weg haben und sich dessen auch täglich bewusst sind. Damit schließt es. Nichts von Radau, von Skandal, von Katastrophen, einfach **Leben** wie es ist, nicht verschönt, nicht verhässlicht. Vielleicht ein weniges verschönt, wie's die Kunst soll. Der Inhalt drückt sich in dem Titel aus: *Irrungen, Wirrungen.*"[62]

Eine wichtige Erklärung Fontanes über seine Schaffensweise ist dieser Brief an den Verleger Emil Dominik vom 14. Juli 1887:

Über seine Schaffensweise

„[…] so wird denn wohl der Abdruck am Sonntag oder Dienstag früh beginnen. In einem Betracht bin ich froh darüber, weil das bessre Publikum der Vossin [‚Vossischen Zeitung'] so recht in der Lage ist, den Berlin'schen ‚flavour' der Sache – worauf ich mich schließlich doch wohl am besten verstehe – herauszuschmecken, auch hat das rasche Aufeinanderfolgen der Kapitel große Vortei-

62 Zitiert nach: Jolles, Charlotte: *„Dutzende von Briefen hat Theodor Fontane mir geschrieben …". Neuentdeckte Briefe Fontanes an Eduard Engel.* In: Jahrbuch der Deutschen Schillergesellschaft 28/1984, S. 45

le; andrerseits sag ich mir: ‚Gott, wer liest Novellen bei die Hitze, wer hat jetzt Lust und Fähigkeit, auf die hundert und, ich kann dreist sagen, auf die tausend Finessen zu achten, die ich dieser von mir besonders geliebten Arbeit mit auf den Lebensweg gegeben habe.'"[63]

Über Heuchelei

In diesem Brief vom 8. 9. 1887 an seinen Sohn Theodor verdammt Fontane die Heuchler, die über Lenes Liebesverhältnis den Kopf schütteln:

„Auch darin hast Du recht, dass nicht alle Welt, wenigstens nicht nach außen hin, ebenso nachsichtig über Lene denken wird wie ich, aber so gern ich dies zugebe, so gewiss ist es mir auch, dass in diesem offnen Bekennen einer bestimmten Stellung zu diesen Fragen ein Stückchen Wert und ein Stückchen Bedeutung des Buches liegt. Wir stecken ja bis über die Ohren in allerhand konventioneller Lüge und sollten uns schämen über die Heuchelei, die wir treiben, über das falsche Spiel, das wir spielen."[64]

Über die Lästerallee

Die sog. Lästerallee, eine Allee für vornehme Leute im Zoo/Tiergarten, in der Lene gern mit Botho gegangen wäre (S. 27), hat auch Theodor Fontane angezogen. Dies besagt Fontanes Gedicht von ca. 1886:

„Was mir gefällt

Du fragst: ob mir in dieser Welt
Überhaupt noch was gefällt?

---

63 Fontane: *Werke, Schriften und Briefe*, IV/3, S. 551
64 ebd., S. 559

Du fragst es und lächelst spöttisch dabei.
Lieber Freund, mir gefällt noch allerlei:
Jedes Frühjahr das erste Tiergartengrün,
Oder wenn in Werder die Kirschen blühn,
Zu Pfingsten Kalmus und Birkenreiser,
Der alte Moltke, der alte Kaiser,
Und dann zu Pferd, eine Stunde später,
Mit dem gelben Streifen der ‚Halberstädter';
Kuckucksrufen, im Wald ein Reh,
Ein Spaziergang durch die Läster-Allee,
Paraden, der Schapersche Goethekopf
Und ein Backfisch mit einem Mozartzopf."[65]

über die ‚Kreuz-Zeitung'

Bei der ‚Kreuz-Zeitung' (eigentlich: ‚Neuen Preußischen Zeitung'), einer hochkonservativen Zeitung, die im Roman der Adlige Kurt Anton von Osten aggressiv verteidigt (S. 34), war Fontane von 1860 bis 1870 angestellt. Später sah er diese Zeitung und ihre Hintermänner sehr kritisch. Aus einem Ferienaufenthalt in Thale (Harz) schreibt er an seine Frau am 24. Juni 1881:

„Die Kreuz-Ztg erhielt ich heut; ich genire mich aber sie zu zeigen oder gar in Gegenwart andrer zu lesen. Ich glaube, da liegt was drin, nämlich das, daß ein anständiger **und** gescheidter Mensch (Pardon für dies naive Certifikat) sie doch wirklich nicht lesen **kann**. Beinah nicht **darf**. Und diese Leute wollen das Land regieren!"[66]

---

65 Fontane: *Werke, Schriften und Briefe*, I/6, S. 343
66 Fontane: *Werke, Schriften und Briefe*, IV/3, S. 148 (Wiedergabe in Fontanes originaler Rechtschreibung)

Berühmte Deutungen

C. Wandrey über Lene und Botho

1919 schreibt der Literaturwissenschaftler Conrad Wandrey in seinem Buch über Fontane:

„Botho und Lene halten die Mitte ein zwischen den Wünschen der eignen Natur und den sozialen und gesellschaftlichen Grenzen. Man muss sich wieder vergegenwärtigen, dass diese Schranken für Fontane, und auch für Lene und Botho, nicht eigentlich äußere Hemmnisse in rein negativem Sinn bedeuten, deren Niederlegung einem Vorteil gleich käme. Es sind wohltuende und sehr nötige Widerstände, die dem Belieben des Einzelnen sich entgegensetzen, und sie werden als solche anerkannt, mögen auch die Augenblicke eines schweren Verzichtes nur ihr Schmerzliches fühlbar machen. [...] Den feindlichen Mächten ist ein ehrlicher Friede abgerungen im Kampf um Pflicht und Selbstbestimmung, aber eine Trübung der Seele bleibt zurück. Das Ende ist milde Resignation, lächelnder Verzicht.“[67]

G. Lukács über Lene als Plebejerin

Der marxistische Literaturtheoretiker Georg Lukács stellt 1951 fest:

„Lene Nimptsch, die Heldin von *Irrungen, Wirrungen*, erhebt sich dagegen in einer schlichten, völlig phrasenlosen, völlig illusionslosen Weise moralisch hoch über alle anderen Gestalten des Romans. Da man nun einmal bei Fontane akzeptieren muss, dass er nicht im Stande ist, rebellierende Menschen zu gestalten, verkörpert dieses plebejische Mädchen das menschlich Beste, das in dieser dichterischen Welt vorhanden sein kann. [...] Sie ist die bedeutendste

---

67 Wandrey, S. 225, 234

Gestalt, die Fontane geschaffen hat; sie ist, wie bei Goethe und Keller – den größeren Geistern – ein Triumph des Plebejisch-Volkshaften über die Bürgerlichkeit."[68]

Wollte Fontane in *Irrungen, Wirrungen* die Gesellschaft seiner Zeit kritisieren? Wollte er die Menschen tadeln? Keines von beiden, sagt der Literaturwissenschaftler Walter Müller-Seidel:

W. Müller-Seidel über den Konflikt zwischen Gesellschaft und Menschlichkeit

„Es kommt dem Erzähler sichtlich nicht ausschließlich auf Hervorkehrung von Standesunterschieden an, sondern gleichermaßen auf das, was in den verschiedenen Ständen ähnlich oder vergleichbar ist. Dieser Erzähler ist auf seine Art an einer gewissen Gleichmacherei interessiert. […] Nicht Adel und Kleinbürgertum, auch nicht eheliche Ordnung oder freie Liebe sind die Konflikte, die hier ausgetragen werden. Der in solchen Gegensätzen hervortretende Konflikt ist einer zwischen Gesellschaft und Menschlichkeit – zwischen einer Gesellschaft, wie sie ist, und einer natürlichen Menschlichkeit, wie sie sein sollte. Das Gesellschaftliche als Ordnung, Sitte oder Moral gilt und muss gelten, wenn ein menschenwürdiges Zusammenleben sein soll; aber Natürlichkeit, Wahrheit und Menschlichkeit sollen gleicherweise sein. […] Sofern er [Botho] einerseits der Gesellschaft angehört und sich zum andern in Distanz zu ihr hält, ist er der Typus des schwankenden Menschen, des halben Helden, als den ihn Lene zutreffend erkennt."[69]

---

68 Lukács, S. 73
69 Müller-Seidel, S. 257, 261 f.

H. Nürnberger über Fontanes universale Kritik

Helmuth Nürnberger unterstreicht, wie universal die Kritik Fontanes ist:

„Die Skepsis und der Pessimismus, mit denen er die politischen, kirchlichen und gesellschaftlichen Zustände seiner Zeit beurteilte, waren tief und umfassend. Sie betrafen keineswegs nur diese Gegenwart, sondern das Sinngefüge menschlicher Ordnungen und Wertvorstellungen schlechthin."[70]

Moderne Beobachtungen

W. Hettche betrachtet alle Romanfiguren

Der Literaturwissenschaftler Walter Hettche richtet den Blick auf alle Personen des Romans:

„Es gibt kein handelndes Subjekt, das die ‚Irrungen' alleine auslöst, es irrt und wirrt in und mit allen Romanfiguren, weil die Gesellschaft, in deren Konventionen sie alle gefangen sind, in eben der Anwendung dieser Zwänge irregegangen sind. Es sind die Irrungen und Wirrungen einer Gesellschaft, die sich von dem Gebot der Menschlichkeit entfernt hat und in denen darum die ‚Herzensbindung' von Lene und Botho scheitert. In beider Gedächtnis dauert sie an und erinnert beständig an die Notwendigkeit, der Menschlichkeit wieder die Geltung zu verschaffen, die sie im kurzen Glück Bothos und Lenes besaß."[71]

---

70 Nürnberger: *Theodor Fontane*, S. 15
71 Hettche, S. 154

Die Kommunikationswissenschaftlerin Barbara Weber stellt fest:

B. Weber über den Garten als letzten emotionalen Freiraum

„Der Adlige Botho und das einfache Mädchen Lene sind nur im Freiraum der Gärtnerei einander ebenbürtig, und nur indem sie in diesem einfachen Milieu die Umgangsformen der Oberschicht adaptieren. […] Für die Liebenden in *Irrungen, Wirrungen* erfüllt sich die paradiesische Qualität des Gartens nur in der Abgeschiedenheit der Gärtnerei, die nicht über die gesellschaftliche Wirklichkeit des Tiergartens hinwegtäuschen kann. Somit ist der Garten ein letzter emotionaler Freiraum, eine Glücksraumutopie, wie es C. G. Jung anschaulich formuliert. Doch gerade in der utopischen Abgeschiedenheit des Gartens wird den Figuren ihre Problematik offenbar. […] So kann der Garten schnell die Qualität des sicheren Refugiums einbüßen."[72]

Hugo Aust betont die zweite Hälfte des Romans und ihre Besonderheiten:

H. Aust über die Besonderheiten der zweiten Romanhälfte

„Das eigentümliche Gepräge des Motivs von der unstandesgemäßen Verbindung liegt in einer komplizierten Verschränkung einerseits tragischer, andererseits aber dennoch auch glücklicher und vielleicht sogar ‚komischer' Lösungsmomente […]. Fontanes Roman bewältigt diese Ambivalenz strukturell dadurch, dass er sich gleichsam verdoppelt; er erzählt zuerst eine Liebesgeschichte und fügt dann einen Eheroman hinzu. […] So dürfen Eheleute wie Käthe und Gideon nicht nur als Agenten bzw. Marionetten der gesellschaftlichen Konvention oder des sittenstiftenden Deus ex Machina abgewertet werden. Beide passen zu ihren Ehepartnern, sie bringen das mit, was der andere braucht, auch wenn man sich zeitweise nach etwas ‚ganz anderem' sehnt."[73]

---

72 Weber, S. 56 f.
73 Aust, S. 113–115

B. Spinnen über den Sieg des Alltags

Burkhard Spinnen (geb. 1956), der Schriftsteller, betrachtet ebenfalls den zweiten Teil des Romans und sagt, dieser Teil behandele

„eines der ganz großen Themen der Gegenwart: Wie – so lautet es – lebt man eigentlich weiter, wenn man den Alltag über das Schicksal hat siegen lassen? Wie sieht das Leben aus, wenn man sich dafür entschieden hat, sein bloßes Weitergehen doch für das allerhöchste Gut zu schätzen? Die Antwort des Romans lautet: Na ja, so lala. Doch dieses Halbe, Unentschiedene, schier Alltägliche und tendenziell Banale weiß Fontane auf eine ungemein eindrucksvolle, ja überwältigende Weise darzustellen.“[74]

---

74 Spinnen, S. 29

6. PRÜFUNGSAUFGABEN MIT MUSTERLÖSUNGEN

Unter www.königserläuterungen.de/download finden Sie im Internet zwei weitere Aufgaben mit Musterlösungen.

Die Zahl der Sternchen bezeichnet das Anforderungsniveau der jeweiligen Aufgabe.

Aufgabe 1 ***

a) Beschreiben Sie die Erzählperspektiven im 1. Kapitel (S. 5–7).
b) Fontane hat einmal gesagt: „Bei richtigem Aufbau muss in der ersten Seite der Keim des Ganzen stecken." (Brief vom 18. 8. 1880) Analysieren Sie das 1. Kapitel im Hinblick auf diese Aussage.
c) Beurteilen Sie das 1. Kapitel als diesen „Keim des Ganzen".

Mögliche Lösung in knapper Fassung:

BESCHREIBUNG DER ERZÄHLPERSPEKTIVEN

a) Das Kapitel beginnt mit einem auktorialen Erzähler. Er führt uns ausdrücklich in eine andere Zeit („Mitte der siebziger Jahre noch", S. 5, Z. 3) und wählt dafür einen bestimmten Ort, den Schnittpunkt zweier Straßen (Z. 1). Dieser Erzähler ist noch fern der eigentlichen Geschichte. Er spricht vom „Beginn unserer Erzählung" (Z. 22), und das Präteritum („befand sich", Z. 2, „erkannt werden konnte", Z. 7) ist Ausdruck von Vergangenheit. Ab dem zweiten Absatz widmet sich dieser Erzähler der Geschichte selbst, denn seine Wendung „Heut aber stand die Sonne" (Z. 26 f.) ist ein

Ausdruck von Gegenwart („heut"!). Das Präteritum ist ab jetzt das epische Präteritum. Der Erzähler bleibt vorerst auktorial. Er weiß alles und teilt mit, dass es der „Wilmersdorfer Kirchturm" (Z. 27) ist, hinter dem die Sonne steht, und dass „Frau Nimptsch" mit ihrer „Pflegetochter Lene" hier „mietweise" wohnt (Z. 31).

Dann tritt er als neutraler Erzähler auf, der nur noch berichtet, was er jetzt sieht und spürt. Er bemerkt Frau Nimptsch in ihrem schlichten Zimmer, beschreibt sie und die „als Frau Dörr Begrüßte" (S. 6, Z. 10) und gibt ihr langes Gespräch wieder. Bei diesen Personenreden verzichtet der Erzähler größtenteils auf Wendungen wie ‚sagte sie', ‚antwortete sie' (sog. inquit-Formeln). Vielmehr setzt er die gesprochenen Sätze schlichtweg hintereinander, wie er sie wahrnimmt und jeder andere Anwesende sie wahrnehmen würde. Mehrfach fügt dieser neutrale Erzähler ein, welche Eindrücke er bei seinem Beobachten gewinnt: Frau Dörr ist „eine sehr stattlich aussehende Frau" (Z. 11 f.), Frau Nimptsch nimmt „sichtlich", d. h. wie man sieht, keinen Anstoß an Frau Dörrs Auftreten (Z. 14).

Der Dialog der beiden Frauen entwickelt sich am Ende – und auch darin zeigt sich der neutrale Erzähler – zu einer szenischen Darstellung: „Aber die Dörr war schon aufgestanden und sagte, während sie den Gartensteig hinuntersah [...]" (S. 7, Z. 31 f.). Schon vorher reden und agieren die Personen wie auf einer Theaterbühne. Gegen Ende spricht Frau Dörr über das, was sie in der Ferne wahrnimmt, nämlich das Herannahen und das Sichverabschieden des Liebespaares (Z. 32–39). Sie unternimmt eine Teichoskopie (oder Mauerschau). Im Drama gibt es dieses Verfahren oft: Eine Person beschreibt, was sie außerhalb der Bühne sieht.

Nirgendwo in diesem Kapitel wählt der Erzähler die personale Perspektive. Er sucht aber langsam das Vertrauen des Lesers; er sagt einmal: „unsre Frau Nimptsch" (S. 6, Z. 2).

ANALYSE DES KAPITELS IM HINBLICK AUF FONTANES AUSSAGE

b) Der erste Absatz spielt eine besondere Rolle für den Aufbau des Romans. Erstens bietet er eine informationsreiche Ortsbeschreibung, die die „Gärtnerei“ (S. 5, Z. 4), das Wohnhaus (Z. 5) und das Gebäude mit „Holztürmchen“ (Z. 11) umfasst. In dieser Szenerie werden mehrere Kapitel der ersten Hälfte von *Irrungen, Wirrungen* spielen. Zweitens deutet der Absatz auf die Stimmung voraus, die in diesen Kapiteln herrscht. Das farbig gestrichene Holztürmchen, später „Schloss“ genannt (S. 6, Z. 7), und die Tiere („Taubenschar“, „Hundegeblaff“; S. 5, Z. 16 f.) geben dem Ganzen einen ländlichen und sogar märchenhaften Charakter, der in Kontrast zum nahen Großstadtleben steht und der den Berliner Botho zum Aufenthalt verlockt („Ich bin hier so gern gewesen und so glücklich“, wird er sagen; S. 81). Diesen Kontrast drückt schon der erste Satz mit dem Begriff ‚Schnittpunkt‘ aus, denn der Kurfürstendamm führt aus der Stadt hinaus, die Kurfürstenstraße in sie hinein. Der Begriff ‚Schnittpunkt‘ zu Beginn lässt auch die unterschiedlichen Begegnungen und die bitteren Erfahrungen (Stichwort ‚Schnitt‘!) des Romans erahnen.

Nach der Trennung Bothos und Lenes und erst recht nach Lenes Umzug (S. 92 f.) spielt dieser Ort keine Rolle mehr. Das „halb weggebrochene Zifferblatt“ (S. 5, Z. 11 f.), das wieder ein Zeichen von Ländlichkeit und Großstadtferne ist, deutet auf die spätere Bedeutungslosigkeit des Gartens hin. Das Rot und das Grün des Holzturms (ebd.) sind doch aufgetragene und später abblätternde Farben an einem primitiven Gebäude, und so werden auch die Liebe (symbolisiert durch das Rot) und die Hoffnung (das Grün) dort untergehen.

Bemerkenswert ist der Wechsel zwischen ‚offen daliegen‘ und ‚versteckt sein‘, der diesen Absatz prägt (das Wohnhaus wird „sehr wohl erkannt“, Z. 7; anderes ist „wie durch eine Kulisse versteckt“, Z. 10). Dieser Wechsel bedeutet eine Warnung – die Warnung nämlich, hier nur das harmlos Ländliche wahrzunehmen. Man erfährt später, dass hier eine kommerzielle Gärtnerei ist, in der sogar „Betrügerei" geschieht (S. 13), dass hier auch Lenes Arbeitsort ist („je mehr Arbeit, desto besser", sagt sie, als sie Botho vermisst; S. 16) und dass für Lene der Garten Einengung bedeutet („was ich dafür gäbe?" – mit Botho in der Öffentlichkeit spazieren zu gehen; S. 27).

Auch die folgenden Teile des Kapitels bieten Informationen zu dem Späteren, vor allem zu den Personen. Frau Nimptsch und Frau Dörr treten auf und sprechen über Lene und Botho. Die Eindrücke des Märchenhaften werden weiter verstärkt durch den „Herd" mit dem „alten Teekessel" (S. 5, Z. 33, 35) und der „Glut" (Z. 38) und durch das Wort „Prinzessin" (S. 7, Z. 28). Das Wort „märchenhaft" erscheint sogar (S. 5, Z. 30).

In Frau Dörrs Reden von ihrem Grafen („mein Graf", S. 7, Z. 12) werden einzelne Elemente der Romanhandlung vorweggenommen: Frau Dörr war die Geliebte dieses sozial hochstehenden Mannes, von dem sie offenbar bezahlt wurde. Denn sie litt unter des Grafen groben Wünschen („kreuzfidel un unanständig", Z. 13 f.). Dies ist vorbei, sie hat inzwischen geheiratet („ich habe nu Dörren", S. 6, Z. 41 f.). Dies sind Anspielungen auf Lene und Botho. Dass indes deren Liebesverhältnis anders ist, stellen jetzt schon Frau Dörrs Worte klar: Nein, so wie Botho „war meiner nich" (Z. 7, 38 f.). Sie sagt auch: Lene „is für Ordnung un fürs Reelle" (Z. 21 f.); bezahlte Liebe gibt es also nicht bei Lene. Frau Dörrs Erfahrungen verweisen aber detailgenau auf das Schicksal Isabeaus, der Offiziersgeliebten, die über Geld redet und darüber, dass sie später einen anderen heiraten wird (S. 70).

Dieses Kapitel spielt im Sonnenuntergang (S. 5, Z. 29) und kündigt damit das traurige Ende von Lenes und Bothos Liebe an. Eine Ankündigung in dieser Richtung ist auch, dass Lene und Botho, kaum tauchen sie hier auf, schon beim Sichverabschieden beobachtet werden (S. 7, Z. 35 f.)

BEURTEILUNG DES KAPITELS ALS „KEIM DES GANZEN"

c) Das erste Kapitel ist eine sorgfältig aufgebaute Exposition des Romans. Sie stellt Orte und Personen des Romans ausführlich vor. Sie kündigt Elemente der Handlung an, teils präzise, teils in einer vagen Form, die zur Spannung beiträgt. Sie führt zugleich in die Stimmung des Romans ein. Freilich bezieht sich fast alles nur auf die erste Hälfte des Romans, nur für diese ist hier, um Fontanes Wort aus seinem Brief zu benutzen, „der Keim" angelegt. Die zweite Hälfte des Romans (ab dem 16. Kapitel) mit anderen Schauplätzen und mit zum Teil neuen Personen wird nicht angekündigt. Die Exposition hat also eine beschränkte Sicht. Vielleicht drückt sich darin die Tatsache aus, dass Fontane die zweite Hälfte als eigenständigen Erzählstoff und nicht nur als Anhängsel sehen wollte.

Und doch passt das erste Kapitel zum zweiten Teil des Romans, nämlich zum Schlusskapitel. Denn in der Erzählweise zeigt sich eine große Gemeinsamkeit. Das erste Kapitel erscheint, wie in a) gesagt, als eine Bühne, auf der sich die Personen bewegen, und ähnlich theaterhaft ist die Szene am Ende, wo es heißt: „Den anderen Morgen saßen Rienäcker und Käthe beim Frühstück" (S. 136). Der Roman endet mit einem prägnanten Satz einer Hauptperson („Gideon ist besser als Botho"), was ebenso theatertypisch ist wie das Reden der Personen im ersten Kapitel.

Aufgabe 2 *

Pitt sagt über seinen Kameraden Botho: „Aber die Verhältnisse werden ihn zwingen und er wird sich lösen und frei machen, schlimmstenfalls wie der Fuchs aus dem Eisen. Es tut weh, und ein Stückchen Leben bleibt daran hängen." (S. 41) Ordnen Sie diese Worte in das Romangeschehen ein.

Mögliche Lösung in knapper Fassung:

„DIE VERHÄLTNISSE WERDEN IHN ZWINGEN"

Diese Worte werden in der ersten Hälfte von *Irrungen, Wirrungen* ausgesprochen, als Botho und Lene noch verbunden sind. Pitts erste Aussage „die Verhältnisse werden ihn zwingen" ist eine Vorausdeutung auf das Romangeschehen und zugleich ein Ausdruck der Normen, die in der Gesellschaft galten. Dies zeigen die späteren Ereignisse. Nachdem Botho den Brief seiner Mutter gelesen hat (S. 73–75), nimmt er „Abschied auf immer" von Lene (S. 79); die Anweisungen der Mutter, sagt er, „zwingen" ihn dazu (ebd.). Grund sind ‚die Verhältnisse' in seiner Familie, wo man eine reiche Heirat Bothos braucht, und zum anderen ‚die Verhältnisse' in der Gesellschaft, nämlich die Normen und Konventionen, die es schwer machen, dass ein Adliger eine Kleinbürgerin heiratet. Botho selbst sagt in diesem Sinne, dass „das Herkommen unser Tun bestimmt", und: „Ordnung ist viel und mitunter alles." (S. 78)

„ES TUT WEH"

Auch Pitts Satz: „Es tut weh, und ein Stückchen Leben bleibt daran hängen", wird Wahrheit. Denn ihre Abschiedsszene wollen Botho und Lene kurz haben („es darf nicht lange dauern", S. 79), weil die psychische Anspannung groß ist. Vorher findet Bothos seelisch schmerzhaftes Zögern statt („Und weshalb säume ich? […] Weil ich sie liebe", S. 76). Später, als er mit Käthe verheiratet ist, heißt es: „Lene mit ihrer Einfachheit, Wahrheit und Unredensartlichkeit stand ihm öfters vor der Seele" (S. 89) – er trägt also das „Stückchen Leben" von einst noch in sich.

„WIE DER FUCHS AUS DEM EISEN"

Sodann vergleicht Pitt Bothos enge Beziehung zu Lene mit einer Falle, einer Fuchsfalle („Eisen"), und sieht das Ende der Beziehung als ‚Freiheit' an („sich lösen und frei machen"). Diese Sicht ist falsch, Pitt hat einen viel engeren Blick als Botho. Denn die beiden Liebenden sind nicht ‚gefangen', sie erwarten nichts voneinander, er hat ihr nichts versprochen („Nein. Immer nein und wieder nein", S. 76). Lene sagt zwar einmal, Botho sei an sie „gebunden" (S. 55), doch damit ist ein ‚Nicht-vergessen-Können' gemeint. Bothos Abschied von Lene ist schmerzhaft, aber er ist kein Kampf um Freiheit. Er findet gelassen statt („lebe wohl, mein Einziger", sagt Lene, S. 82); er ist, laut Lene, eine Art von ‚Wegfliegen' (S. 27). Botho beurteilt eine Liebesbeziehung, die nicht zur Ehe führt, so: Sie sei eine „Trübung" im Lebenslauf, und die Loslösung von dieser Beziehung bedeute „Klarheit und Helle" (S. 126). Er benutzt diese Ausdrücke im Gespräch mit dem Kollegen Rexin. Mit dieser Beurteilung bekennt Botho, wo er die Richtschnur seines Lebens sieht: in der gesellschaftlichen Ordnung und in seiner Rolle als Adliger und nicht in der Liebe zu einer Frau.

Man könnte Pitt die Worte im Mund herumdrehen und behaupten, dass es die gesellschaftlichen Verhältnisse sind, die eine Falle bilden und von denen man sich nur mit Schmerzen lösen kann. Die Nebenfigur Rexin verfolgt genau diesen Gedanken. Rexin sehnt sich nach Ehrlichkeit, Liebe und Freiheit. Er hofft, diese Ideale, vor allem die „Freiheit", außerhalb der konventionellen, in einer „natürlichen Lebensweise" zu finden (S. 125), und er fürchtet, dass er sich dabei „verletzen" werde (ebd.).

DIE VERHÄLTNISSE WERDEN *IHN* ZWINGEN

Nochmals zu Pitts Satz: „Aber die Verhältnisse werden ihn zwingen". Vielleicht betont Pitt das Wort ‚ihn': Aber die Verhältnisse werden **ihn** zwingen. Zuvor im Gespräch der Kameraden heißt es, dass Botho „schwach und bestimmbar" sei. Pitt will vielleicht sagen: Die Verhältnisse werden Botho zwingen, weil er schwach ist und sich von anderen bestimmen lässt, und man könne sich in Bothos Lage auch anders verhalten und die Anpassung an Familie und gesellschaftliche Normen ablehnen. Auch diese Ansicht deutet auf das Romangeschehen voraus. Denn es gibt in *Irrungen, Wirrungen* Adlige, die unter ihrem Stand heiraten oder heiraten wollen (Leutnant Lichterloh, S. 121, Rexin, S. 124). Botho selbst wird seine Schwäche erkennen: Er erklärt, es liege nicht in ihm, den „Vorurteilen öffentlich den Krieg zu erklären" (S. 77). So ist die Aussage, die Verhältnisse werden **ihn** zwingen, ein Hinweis auf Bothos besondere Psyche und ein Ausblick auf *Irrungen, Wirrungen* als psychologischen Roman.

Aufgabe 3 ***

a) Interpretieren Sie den Umzug Lenes in die neue Wohnung im 17. Kapitel (S. 91, Z. 3: „Es fiel ihm auf", bis S. 93, Z. 23: „links muss es ja sein.").
b) Erörtern Sie den hier sichtbaren sozialen Aufstieg Lenes.

Mögliche Lösung in knapper Fassung:

INTERPRETATION

a) Diese Passage behandelt den Umzug Lenes aus ihrer einfachen Behausung am Stadtrand in eine in der Stadt gelegene Wohnung, die der Erzähler sogar „eine kleine Prachtwohnung" nennt (S. 92, Z. 10). Fontane stellt hier eine vielfältig **aktive** Lene vor. Aus ihrer

Psyche, aus ihrer Angst vor Begegnungen mit Botho und Käthe, kommt der Wunsch nach einem Ortswechsel, und sie reagiert mit mehreren Maßnahmen: Sie mietet eine neue Wohnung (S. 92, Z. 10 f.), kauft neue Möbel (Z. 11), bestellt den Möbelwagen (Z. 5) und veranlasst in der Wohnung einen Umbau (Einbau eines Kamins, Z. 13). Lene zeigt deutlich wie nie zuvor ihre Begabung und Fähigkeit im Praktischen. Dies bestätigt noch ihr Satz, dass sie die „feinen Herren nicht leiden" könne (S. 91, Z. 20), ein Bekenntnis, das ihr früher, mit Botho, ferngelegen hätte. Entsprechend kommt ihre Berufsarbeit kurz zur Sprache: Sie ist oft „bei Goldsteins" (S. 93, Z. 6), bei ihrem Arbeitgeber.

Man erlebt hier auch, wie gut Lene mit ihren Mitmenschen Gespräche führen und **kommunizieren** kann. Sie bewegt ihre alte Mutter (genauer: Pflegemutter), die gegen den Umzug ist, doch zur Zustimmung, indem sie ihre seelischen Nöte bekennt („ich kann es nicht sehn, Mutter", nämlich das Auftreten von Botho mit Ehefrau, S. 91, Z. 23) und ihr die geliebte Herdstelle verspricht (Z. 26). Auch hat sie in geschickten Gesprächen dafür gesorgt, dass sie von der Vermieterin Dörr in Frieden scheidet. Denn Frau Dörr zeigt Verständnis für den Auszug (Z. 29 ff.) und kommt später oft zu Besuch (S. 92, Z. 34 ff.). Auch ihrem neuen Vermieter gegenüber argumentiert Lene sachgerecht, er erlaubt ihr demzufolge den Umbau (Z. 19 f.).

Lenes Freude am Praktischen und am Kommunizieren führt diese Textpassage noch weiter, indem sie Lenes Aufblühen in der neuen Wohnung nennt. Lene beginnt ein **neues Leben**, ihr werden „Gesundheit und Erholung" zuteil (S. 93, Z. 11), wobei körperliche und seelische Gesundheit gemeint sind. Ihr herzliches Lachen wird erwähnt (S. 93, Z. 6 f.). Im Zusammenhang mit dem Umzug stellt Fontane eine praktisch handelnde, gute Gespräche führende und dabei psychisch gesundende junge Frau vor. In der Umzug-Episode zeigt sich *Irrungen, Wirrungen* als psychologischer Roman.

Der Text beschreibt ferner einen **sozialen Aufstieg** der Figur Lene, denn ihr Geld kommt zur Sprache. Sie hat den Umzug und das damit Zusammenhängende für „die kleine Prachtwohnung" (S. 92, Z. 10) selbst bezahlt („Ich habe das Geld dazu gespart", S. 91, Z. 13). Ein Blick auf das Ganze zeigt: Lene ‚wächst sozial' im Laufe der Romanhandlung. Denn im 11. Kapitel erfährt man, dass sie segeln kann („ein Segel stellen", S. 53), im 16. Kapitel tritt sie als Kunststickerin auf („Muster" für Firma „Goldstein", S. 85), und der Höhepunkt ist das Mieten der neuen Wohnung. Das Wort „Puppenkasten", das Frau Dörr für die alte Wohnung benutzt (S. 91, Z. 34), bekommt einen besonderen Sinn. Dort war der Ort von Lenes heimlicher ‚Verpuppung' zum ‚Schmetterling', der Ort des sozialen Aufstieges einer Frau, der es nun ‚glänzend' geht.

Diese Passage ist auch ein Abbild des **wachsenden Berlins** und seiner aufstiegswilligen Bewohner. Komfortable Wohnungen im Stadtinnern sind beliebter als die verfallenden Wohnungen am Stadtrand, Vermieter müssen auf die neuen Wohnwünsche der Bürger, Wünschen nach Umzug oder nach Umbau, eingehen.

ERÖRTERUNG

b) Lenes Aufstieg, ihr Umzug in die neue Wohnung, überrascht, besonders wenn man bedenkt, dass Lene im 3. Kapitel nur Plätterin zu sein scheint (S. 12), eingebunden in die ärmliche Welt der Gärtnerei. Es ist, vom 3. Kapitel aus gesehen, unwahrscheinlich, dass Lene sich die „kleine Prachtwohnung" leisten kann. Diese Stelle ist ein Bruch in dem realistischen Roman. Doch gerade dieses Bruches wegen verdient sie Aufmerksamkeit. Warum war Fontane Lenes Aufstieg wichtig? Hier drei Antworten:

→ Lene als ‚Anti-Prostituierte': Lene sollte ein Gegenbild zu der Offiziersgeliebten Isabeau werden. Diese Geliebte oder Prostituierte will später eine Kneipe („Dest'lation", S. 70) aufmachen mit dem Geld, das von ihren Liebhabern stammt. Lene nun soll in ihrer Nach-Botho-Zeit auch etwas Neues haben. Doch dieses Neue ist, anders als bei Isabeau, eine ansprechende Wohnung, die sie mit ehrlich verdientem Geld („ihrer Hände Arbeit", S. 110) bezahlt. Die vorhin genannten Elemente des Aufstiegs – Lene kann segeln, Lene ist Kunststickerin – sind die ersten Stufen zu diesem Umzug.

- → Lenes ‚Auferstehung': Der Zusammenbruch Lenes bei der Begegnung mit Botho und Ehefrau Käthe soll ein inneres Sterben Lenes ausdrücken, das ihr Leben mit Botho endgültig abschließt. Das Wort „Grabscheit" wird verwendet (S. 87). Der Umzug, gerade zu „Ostern" (S. 92, Z. 4), dem Fest der Auferstehung Jesu, und ihr sozialer Aufstieg stellen eine Art Auferstehung dar, die Lene „vergleichsweise wieder frisch und munter" macht (S. 93, Z. 15). Ihre alte Wohnung wird jetzt „Keller" genannt (S. 92, Z. 33).
- → Lene als ‚Prinzessin': Der Gedanke, Lene sei „eine Prinzessin" (S. 7), ausgesprochen von Frau Dörr, soll in reduzierter Weise wahr werden. Lene wird aus der primitiven Dörr'schen Wohnung erlöst, sie entfaltet ihre Selbstständigkeit, indem sie es nun ist, die die Mutter beherbergt. Sie bekommt jetzt ein Zeichen feierlichen – wenn auch bitteren – äußeren Glanzes, die „weiße Strähne" (S. 93, Z. 18).

Lenes überraschender sozialer Aufstieg lässt sich mehrfach begründen. Der Aufstieg kann als unpassend in diesem realistischen Roman angesehen werden. Er zeigt aber Fontanes Fähigkeit, die unterschiedlichsten Motive poetisch zu kombinieren und dadurch sein Werk spannend zu machen.

Bisher haben wir textimmanent argumentiert. Anzunehmen ist aber auch, dass in Lenes Aufstieg Fontanes persönliche Vorliebe mitgewirkt hat. Fontane hat seine Figur Lene so sehr gemocht, und zwar während des Schreibens immer mehr gemocht, dass er sie aus dem proletarischen Milieu, in dem sie zuerst auftritt (im 3. Kapitel), herausholen wollte.

Aufgabe 4 **

a) Ordnen Sie die letzten Absätze von *Irrungen, Wirrungen*, ab S. 136, Z. 28 („Nun, Käthe, was ist?"), in das Romangeschehen ein.
b) Erklären Sie diese Passage.
c) Analysieren Sie Bothos Worte am Ende: „Gideon ist besser als Botho."

Mögliche Lösung in knapper Fassung:

EINORDNUNG INS ROMAN-GESCHEHEN

a) Diese Passage beschreibt Botho und Käthe in ihrer Wohnung. Käthe liest aus der Zeitung eine Hochzeitsanzeige vor, in der ihr zwei Namen ‚komisch' erscheinen. Es handelt sich um die Hochzeit von Lene (hier: „Magdalene") und Gideon Franke. Botho gibt sodann seinen Kommentar.

Botho und Lene, die beiden Hauptpersonen des Romans, sind anwesend: Botho direkt, Lene indirekt durch ihren in der Zeitung gedruckten Namen. Ebenfalls anwesend sind die jeweiligen Ehepartner: Käthe direkt, Gideon indirekt durch die Zeitung. Diese Stelle führt also die wichtigsten Personen des Romans zusammen und sorgt für die epische Integration, d. h. die Verknüpfung verschiedener Erzählstoffe. Zweifach wird diese epische Integration noch betont: Zum einen durch den Schluss-Satz („Gideon ist besser als Botho"), der die beiden Partner Lenes prägnant zusammen nennt und damit die von den beiden Männern geliebte Lene ehrt. Zum andern durch das Thema ‚Zeitung', denn Käthe und Botho, die Adligen, und Lene und Gideon, die Kleinbürger, bezeugen, dass sie dieselbe Zeitung mögen; die ersteren, indem sie sie lesen, die letzteren, indem sie darin ihre Hochzeit melden. Zwar baut die Romanhandlung stark auf der Kluft zwischen Adel und Kleinbürgertum auf, doch in den letzten Absätzen erscheinen die beiden Paare als Zeitungsinteressierte geistig vereint.

ERKLÄRUNG DER PASSAGE

b) Der kurze Dialog zwischen Käthe und Botho beruht auf unterschiedlichen Sichtweisen, die beiden reden aneinander vorbei. Käthe findet die Namen ‚Nimptsch' und ‚Gideon' komisch. Wir wissen: ‚Komisch' ist für sie alles, was vom Alltäglichen abweicht (sogar alte Liebesbriefe, S. 134), und die Freude an solcherart Komischem ist für sie typisch (wie die Dresden-Reise gezeigt hat, S. 83). Ihr sind also die Namen ‚Nimptsch' und ‚Gideon' ungewohnt. Tatsächlich ist ‚Nimptsch' (es heißt so viel wie ‚Deutsch') ein slawisches Wort mit vielen Konsonanten, und ‚Gideon' ist ein ungewöhnlicher Name aus dem Buch *Richter* der Bibel. Die beiden Namen stechen noch dadurch hervor, dass die anderen Namen in der Anzeige sehr verbreitet sind („Magdalene", „Franke"). Botho nun achtet nicht auf die Namen und ihren Klang, sondern auf die Personen, die die Namen tragen. Anders gesagt: Käthe denkt sich die Namen in Anführungszeichen, Botho nicht. Käthe will sagen, dass der Name ‚Gideon' komisch klinge, Botho will sagen, dass die Person Gideon lobenswert sei. Käthe achtet auf das Äußerliche der Namensgebung, Botho achtet auf den Menschen. Es ist anzunehmen, dass Käthe denkt, Botho meine auch den Klang der Namen, und es ist auch anzunehmen, dass Botho dieses Missverständnis nicht aufklären wird.

ANALYSE DER LETZTEN WORTE

c) Die Behauptung „Gideon ist besser als Botho" lässt sich so verstehen, dass Gideon ein geeigneterer Ehemann für Lene ist, als es Botho geworden wäre. Dafür gibt es gute Gründe. Gideon und Lene gehören derselben sozialen Schicht an, und zusätzlich steht Gideon als Arbeiter in einer Fabrik Lene besonders nahe, die praktisch veranlagt ist und beispielsweise vom „Instandsetzen" etwas versteht (S. 93). Beide leben von ihrer Hände Arbeit. Auch Gideons vernünftiges Reden über Sachthemen (er kann beispielsweise „Schulen" und „Gasanstalten" erörtern, S. 93 f.) passt zu Lene, ihrer „Unredensartlichkeit" (S. 89). Gideon ist für Lene ein „guter Unterhalter" (S. 93). Botho ist dagegen mehr für die unverbindliche Konversation, was Lene gestört hat. „Da wundert es mich", sagt sie, „dass ihr solche Gesellschaften mitmacht" (S. 21), d. h. Zusammenkünfte mit leeren Konversationen.

Sodann ist Gideon dadurch „besser" als Botho, dass er den modernen Entwicklungen seiner Zeit folgt. Er arbeitet für das neue Berlin und seine „städtischen Angelegenheiten" (S. 93) und bezieht seine reichen Berufs- und Lebenserfahrungen in Amerika („in den States", S. 111) mit ein. Bothos Tun sind größtenteils überflüssige Beschäftigungen des Adels („ein Pferd stallmeistern", „ein Jeu machen"; S. 76). Hinzu kommt, dass Gideon „ein gutes Gehalt" verdient (S. 95), also in seiner sozialen Schicht gut leben kann, während Botho und seine Familie in Schulden stecken und er deshalb Käthe heiratet. Kurz gesagt: Gideon ist ein Aufsteiger und Erfolgsmensch, Botho ist ein Absteiger und Verlierer.

Gideon ist „besser" als Botho auch hinsichtlich der inneren Haltung: Gideon ist flexibler und toleranter als Botho. Denn Gideon schätzt als Sektengründer strenge moralische Grundsätze über Liebe und Sex, die es ihm verbieten müssten, die ehemalige Geliebte eines anderen zu heiraten. Doch steht ihm Lene mit ihrem ehrlichen Wesen („Wort und Verlass muss sein", S. 111) höher als diese Grundsätze. Außerdem ist ihm die Zukunft wichtiger als das Vergangene („was gewesen ist, das ist gewesen", sagt er; ebd.). Er stellt sogar klar: „Es gibt viele Wege, die zu Glück führen" (ebd.). Obwohl er Kartenspiele für unmoralisch hält (er „verabscheute" alle Karten; S. 94), ist er Frau Nimptsch zuliebe dazu bereit. Botho dagegen kann und will sich nicht von den Grundsätzen seiner Adelsschicht lösen. Der Mensch könne schwerlich brechen, sagt er, „mit Stand und Herkommen und Sitte" (S. 126).

Man kann nicht sicher sein, dass alle diese Vergleiche Botho durch den Kopf gehen. Doch regt der Erzähler uns Leser zu diesen Vergleichen zwischen Gideon und Botho an, indem er Botho den Satz „Gideon ist besser als Botho" aussprechen lässt.

Der Dialog am Ende des Romans wirft ein zusätzliches Licht auf Botho. Botho zeigt sich sehr klarsichtig. Denn seine Äußerung „Gideon ist besser als Botho" ist kritisch gegenüber ihn selbst und kritisch gegenüber seiner sozialen Schicht. Er, der Adlige, nach damaligen Vorstellungen zur Spitze der Gesellschaft gehörend, erkennt seine Unterlegenheit angesichts des Kleinbürgers Gideon, und das sogar, obwohl er Gideons sonderlingshaften Predigerton erlebt hat (S. 110 f.). Insofern ist dieser Romanschluss ein glücklicher Schluss. Andererseits reden in diesem Dialog die Ehepartner, wie wir gesehen haben, aneinander vorbei. Das Scheitern einer Kommunikation steht am Ende dieses Romans. Insofern schließt der Roman in trauriger Weise.

In dem kurzen kunstvoll konstruierten Dialog mit dem aussagekräftigen Schluss-Satz beweist Fontane seinen psychologischen und gesellschaftskritischen Scharfblick.

LITERATUR

Zitierte Ausgabe:

Fontane, Theodor: *Irrungen, Wirrungen.* Husum: Hamburger Lesehefte Verlag, o. J. (172. Heft).

Gesamtausgaben:

Fontane, Theodor: *Sämtliche Werke.* Hg. v. Edgar Groß u. a. (24 Bde.) München: Nymphenburger, 1959 ff.

Fontane, Theodor: *Werke, Schriften und Briefe.* Hg. v. Walter Keitel und Helmuth Nürnberger. (In den Abteilungen I–IV zu je mehreren Bänden.) München: Hanser, 1969 ff. (Teile hieraus in Taschenbüchern bei dtv, München)

Fontane, Theodor: *Große Brandenburger Ausgabe.* Hg. v. Gotthard Erler. Berlin: Aufbau, 1994 ff. – Bd. 10 (1997): *Irrungen, Wirrungen.* Bearbeitet von Karen Bauer

Übergreifende Darstellungen:

Aust, Hugo: *Theodor Fontane. Ein Studienbuch.* Tübingen, Basel: Francke, 1998 → Inhaltsreiche und anspruchsvolle Werkbetrachtungen.

Bade, James N.: *Fontane's Landscapes.* (Fontaneana Bd. 7.) Würzburg: Königshausen & Neumann, 2009 → Ausführliche Deutungen das Motivs Landschaft, auch bei mäßigen Englischkenntnissen gut verständlich.

Bender, Niklas: *Kampf der Paradigmen. Die Literatur zwischen Geschichte, Biologie, Medizin. Flaubert/Zola/Fontane.* Heidelberg: Winter, 2009

Delf von Wolzogen, Hanna in Zusammenarbeit mit Helmuth Nürnberger (Hg.): *Theodor Fontane. Am Ende des Jahrhunderts. Internationales Symposium des Theodor-Fontane-Archivs.* 3 Bde. Würzburg: Königshausen & Neumann, 2000 → Große Aufsatzsammlung mit einer Fülle von Aspekten.

Friedrich, Gerhard: *Fontanes preußische Welt. Armee – Dynastie – Staat.* Flensburg: Baltica, 2001 (zuerst 1988)

Grawe, Christian: *Führer durch Fontanes Romane. Ein Lexikon der Personen, Schauplätze und Kunstwerke.* Stuttgart: Reclam, 1996 → Knappes, kluges und auch amüsantes Lexikon.

Grawe, Christian und Helmuth Nürnberger (Hg.): *Fontane-Handbuch.* Stuttgart: Kröner, 2000 → Umfassende systematische Gesamtdarstellung, detailreiche Aufsätze.

Helmstetter, Rudolf: *Die Geburt des Realismus aus dem Dunst das Familienblattes. Fontane und die öffentlichkeitsgeschichtlichen Rahmenbedingungen des Poetischen Realismus.* München: Fink, 1998 → Erklärung des Realismus, auch des Romans *Irrungen, Wirrungen,* von der damaligen Zeitschriften-Kultur her.

Hermes, Eberhard: *Erzählende Prosa.* Stuttgart u. a.: Klett, 2001 (Reihe ‚Abitur-Wissen')

Kischel, Anja: *Soziale Mobilität in Theodor Fontanes Gesellschaftsromanen.* Frankfurt a. M. u. a.: Peter Lang, 2009

Kleine, Joachim: *Die Hankels auf Hankels Ablage. Wo Fontane in der Sommerfrische war.* Zeuthen: Irmtraud Carl, 1999

Lahn, Silke und Jan Christoph Meister: *Einführung in die Erzähltextanalyse.* Stuttgart, Weimar: Metzler, 2008 → Über die Erzähltheorie, umfassend und nach dem aktuellen Stand der Wissenschaft.

Lukács, Georg: *Der alte Fontane.* In: Preisendanz, S. 25–79 (zuerst 1951)

Martini, Fritz: *Deutsche Literatur im bürgerlichen Realismus 1848–1898.* Stuttgart: Metzler, 1974

Mecklenburg, Norbert: *Theodor Fontane. Romankunst der Vielstimmigkeit.* Frankfurt a. M.: Suhrkamp, 1998 → Vielseitige Beobachtungen zu Fontanes Kunst des Erzählens.

Möller, Klaus-Peter: *Die Verlagsverträge im Theodor-Fontane-Archiv. Teil I.* In: Fontane Blätter 68/1999, S. 29–72

Morgenthaler, Walter: *Bedrängte Positivität. Zu Romanen von Immermann, Keller, Fontane.* Bonn: Grundmann, 1979

Müller-Seidel, Walter: *Theodor Fontane. Soziale Romankunst in Deutschland.* Stuttgart, Weimar: Metzler, 1994

Nürnberger, Helmuth: *Theodor Fontane in Selbstzeugnissen und Bilddokumenten.* Reinbek: Rowohlt, 1968 (viele Neuauflagen)

Nürnberger, Helmuth: *Fontanes Welt. Eine Biographie des Schriftstellers.* München: Pantheon, 2007 (Erstausgabe 1997) → Biografie mit vielen Illustrationen zu Fontane und seiner Epoche.

Nürnberger, Helmuth und Dietmar Storch: *Fontane-Lexikon. Namen – Stoffe – Zeitgeschichte.* München: Hanser, 2007 → Mit vielen Stichwörtern, die Werk und Leben Fontanes in der Kultur ihrer Zeit sehen.

Oesterle, Günter: *Andenken und Erinnerung in Fontanes Gartendarstellung.* In: Die Gartenkunst. 1/2009, S. 17–22

Pelster, Theodor: *Theodor Fontane.* Stuttgart: Reclam, 1997 (Reihe ‚Literaturwissen') → Vortrefflich komprimierte Gesamtschau.

Plett, Bettina: *Die Kunst der Allusion. Formen literarischer Anspielungen in den Romanen Theodor Fontanes.* Köln, Wien: Böhlau, 1986

Preisendanz, Wolfgang (Hg.): *Theodor Fontane.* Darmstadt: Wissenschaftliche Buchgesellschaft, 1973 (Wege der Forschung Bd. 381)

Reuter, Hans-Heinrich: *Fontane.* 2 Bde. Berlin: Verlag der Nation, 1995 (zuerst 1968)

Seiler, Bernd W.: *Fontanes Berlin. Die Hauptstadt in seinen Romanen.* Berlin: Verlag für Berlin-Brandenburg, 2010 → Bildband mit vielen alten und neuen Fotos.

Sill, Oliver: *Sitte – Sex – Skandal. Die Liebe in der Literatur seit Goethe.* Bielefeld: Aisthesis, 2009

Spinnen, Burkhard: *Wie man die Macht des Schicksals entmachtet. Stine, Lanni und Lene – Drei Romanheldinnen Fontanes als Pionierinnen des modernen Bewusstseins.* In: Literaturen. Das Journal für Bücher und Themen. 4/April 2002, S. 22–29

Stiftung Stadtmuseum Berlin (Hg.): *Fontane und sein Jahrhundert.* Berlin: Henschel, 1998

Stockinger, Claudia: *Das 19. Jahrhundert. Zeitalter des Realismus.* Berlin: Akademie Verlag, 2010 (Reihe ‚Akademie Studienbücher') → Sorgfältige Beschreibung der Literatur und Kultur, mit kleinem Kapitel zu *Irrungen, Wirrungen*.

Viel, Bernhard: *Utopie der Nation. Ursprünge des Nationalismus im Roman der Gründerzeit.* Berlin: Matthes & Seitz, 2009

Wandrey, Conrad: *Theodor Fontane.* München: C. H. Beck, 1919

Weber, Barbara: *Der literarische Garten im Bürgerlichen Zeitalter. Fontanes Beitrag zur Gartenwelt der Moderne.* In: Die Gartenkunst. 1/2009, S. 51–57

Über Fontane-Verfilmungen:

Biener, Joachim: *Zur Aneignung von Fontanes Epik durch Film und Fernsehen*. In: Fontane Blätter 32/1981. S. 713–728

Biener, Joachim: *Fontane in den audiovisuellen Medien*. In: Grawe/Nürnberger, S. 982–1007

Schaefer, Peter und Dietmar Strauch: *Fontane in Film und Fernsehen. Zwischen „Werktreue" und Neuinterpretation. Mit einer Filmographie*. In: Fontane Blätter 67/1999, S. 172–200

Zu *Irrungen, Wirrungen*:

Baier, Christian: *„Und ‚ja' ist gerade so viel wie ‚nein' …" Die Sprache Botho von Rienäckers in Fontanes ‚Irrungen, Wirrungen'*. In: Fontane Blätter 88/2009, S. 137–152

Betz, Frederick: *Erläuterungen und Dokumente. Theodor Fontane/ Irrungen, Wirrungen*. Stuttgart: Reclam, 1998 → Sehr viele aspektereiche Einzelinformationen.

Bowman, Derek: *„Unser Herz hat Platz für allerlei Widersprüche." Aspekte von Liebe und sexueller Gier in Fontanes Roman ‚Irrungen, Wirrungen'*. In: Fontane Blätter 37/1984, S. 443–456

Davidson, Judith A.: *„Stattlich, gütig" and „beschränkt". The Function of Frau Dörr in Fontane's ‚Irrungen, Wirrungen'*. In: Seminar. A Journal of Germanic Studies 18/1982, S. 157–167

Faucher, Eugène: *Farbsymbolik in Fontanes ‚Irrungen, Wirrungen'*. In: Zeitschrift für deutsche Philologie 92 (1973), Sonderheft S. 59–73

Friedrich, Gerhard: *Die Frage nach dem Glück in Fontanes ‚Irrungen, Wirrungen'*. In: Der Deutschunterricht 4/1959, S. 76–87

Grawe, Christian: *Käthe von Sellenthins ‚Irrungen, Wirrungen'. Anmerkungen zu einer Gestalt in Fontanes gleichnamigem Roman*. In: Fontane Blätter 33/1982, S. 84–100

Guthke, Karl S.: *Gideon ist nicht besser als Botho. Gesellschaftlicher Wandel in Fontanes ‚Irrungen, Wirrungen'*. In: Barkhoff, Jürgen u. a. (Hg.): Das schwierige neunzehnte Jahrhundert. Germanistische Tagung zum 65. Geburtstag von Eda Sagarra im August 1998. Tübingen: Niemeyer, 2000, S. 287–299

Hehle, Christine: *Unterweltsfahrten. Reisen als Erfahrung des Versagens im Erzählwerk Fontanes*. In: Delf von Wolzogen, Bd. 3, S. 65–76

Hertling, G. H.: *Theodor Fontanes ‚Irrungen, Wirrungen'. Die ‚Erste Seite' als Schlüssel zum Werk*. New York u. a.: Peter Lang, 1985

Hettche, Walter: *‚Irrungen, Wirrungen'. Sprachbewusstsein und Menschlichkeit. Die Sehnsucht nach den ‚einfachen Formen'*. In: Grawe, Christian (Hg.): Interpretationen. Fontanes Novellen und Romane. Stuttgart: Reclam, 1991, S. 136–156 → Scharfsinnige, nach wie vor aktuelle Deutung.

Jolles, Charlotte: *„Gideon ist besser als Botho". Zur Struktur des Erzählschlusses bei Fontane*. In: Erler, Gotthard (Hg.) unter Mitarbeit von Helen Chambers: Charlotte Jolles. Ein Leben für Theodor Fontane. Gesammelte Aufsätze und Schriften aus sechs Jahrzehnten. (Fontaneana Bd. 8.) Würzburg: Königshausen & Neumann, 2010, S. 33–54 (zuerst 1967)

Killy, Walther: *Abschied vom Jahrhundert. Fontane: ‚Irrungen, Wirrungen'*. In: ders.: Wirklichkeit und Kunstcharakter. Neun Romane des 19. Jahrhunderts. München: C. H. Beck, 1963, S. 193–211

Kribben, Karl-Gert: *Großstadt- und Vorstadtschauplätze in Theodor Fontanes Roman ‚Irrungen, Wirrungen'*. In: Fülleborn, Ulrich u. a. (Hg.): Studien zur deutschen Literatur. Festschrift für Adolf Beck zum siebzigsten Geburtstag. Heidelberg: Winter, 1979, S. 225–245

Malcolm, David: *A new view of Gideon Franke in Fontane's ‚Irrungen, Wirrungen'*. In: New German Studies 10/1982, S. 43–53

Nobis, Helmut: *Kommentar.* In: Fontane, Theodor: Irrungen, Wirrungen. (Suhrkamp BasisBibliothek Bd. 81.) Frankfurt a. M.: Suhrkamp, 2006, S. 189–258 → Anspruchsvolle Erläuterungen und Deutungen.

Oswalt, Stefanie: *„Man liebt ja nur die Autoren, die einem adäquat sind". Kurt Tucholskys Blick auf Theodor Fontane*. In: Delf von Wolzogen, Bd. 3, S. 243–251

Pastor, Eckart: *„Aller guten Dinge sind drei". Noch einmal zu einer Sprachfigur in Fontanes ‚Irrungen, Wirrungen'*. In: Sprachkunst. Beiträge zur Literaturwissenschaft. XXXIX/2008, 2. Halbbd., S. 191–205

Plett, Bettina: *„... kein Schriftsteller für den Familientisch mit eben eingesegneten Töchtern." Vorschläge zur Betrachtung des Frauenbildes und des ‚Unmoralischen' in Fontanes Romanen*. In: Diskussion Deutsch 144/1995, S. 256–263

Poppe, Reiner: *Theodor Fontane: Irrungen, Wirrungen*. Stuttgart: Reclam 2006 (Reihe ‚Lektüreschlüssel')

Schmidt-Brümmer, Horst: *Formen des perspektivischen Erzählens im Zeitroman Fontanes. Untersuchungen am Beispiel von ‚Irrungen, Wirrungen'*. München: Fink, 1971

Seiler, Bernd W.: *Theodor Fontanes uneheliche Kinder und ihre Spuren in seinem Werk*. In: Wirkendes Wort 2/1998, S. 215–233

Sollmann, Kurt: *Theodor Fontane: Irrungen, Wirrungen.* (Reihe ‚Grundlagen und Gedanken'.) Frankfurt a. M.: Diesterweg, 1997

Stroszeck, Hauke: *Schwalben. Ein Nachtrag zu Fontanes poetischer Avifauna.* In: Fontane Blätter 70/2000, S. 76–92

Wruck, Peter: *„Viel Freud, viel Leid. Irrungen, Wirrungen. Das alte Lied."* In: Fontane Blätter 39/1985, S. 79–97

Internet-Adressen:

http://www.fontanearchiv.de

→ Das Fontanearchiv ist das Zentrum der Fontane-Forschung. Es beantwortet auch auf dem Postweg gestellte Fragen (Große Weinmeisterstr. 46/47, 14469 Potsdam).

http://www.fontane-gesellschaft.de

→ Diese Website der Theodor-Fontane-Gesellschaft (Sitz Neuruppin) bietet Informationen über Fontane, sein Werk und aktuelle Ereignisse in der Fontane-Szene.

http://gutenberg.spiegel.de

→ Enthält eine reiche, Vollständigkeit erstrebende Textsammlung der deutschen Literatur. Fontanes wichtige Werke sind vertreten.

Hingewiesen sei ferner auf die CD *Die digitale Bibliothek der deutschen Literatur und Philosophie* (Berlin: Direktmedia, 2000), die auch eine große Auswahl von Fontane'schen Texten bietet (mit Suchfunktionen).

Verfilmungen:

Ball im Metropol.
Deutschland 1937. Regie: Frank Wisbar.

Das alte Lied. (zugrunde liegend hier *Irrungen, Wirrungen* und *Stine*).
Deutschland 1945. Regie: Fritz Peter Buch.

Irrungen, Wirrungen.
DDR (Verfilmung für das Fernsehen/DFF) 1963.
Regie: Robert Trösch, Annemarie Siemanek-Ripperger.

Irrungen – Wirrungen.
BRD (Verfilmung für das Fernsehen/ARD/SFB) 1966.
Regie: Rudolf Noelte.

STICHWORTVERZEICHNIS